失敗事例でわかる！

離婚事件の ゴールデンルール 30

藤代　
城石　

JN054896

学陽書房

はしがき

　弁護士になると、なぜか、長年会っていない昔の同級生から突然連絡が来ることがあります。

　決まって言いにくそうに、しかも最初はそれと言わず、当日、顔を会わせたときに初めて「実は……」と打ち明けられることが多いです。

　弁護士としても、友人としても、その人生の大きな岐路に立ち会っていることにとても身が引き締まり、また、友人にとっても、その家族にとっても、最も幸せなあり方は何か、と親身になって考える瞬間です。

　結婚は、人生において他に比類がない大きなイベントです。赤の他人との間に法的な権利義務を負う強いパートナーシップを結ぶという結婚の効果は絶大であり、さらに、新たな生命を授かれば、パートナーシップを解消しても、一生、解消できない繋がりが残ります。

　そして、効果が絶大であるが故に、全人格に関係する、多種多様な悩みをはらみます。また、結婚の形はそのパートナーごとに多様ですから、より細やかな対応が必要です。

　なので、パートナーシップを解消すべきか、するとしたらどのようにすべきか、という相談を弁護士が受けるとき、相談内容は単に金銭の問題にとどまらず、その家族のプライベートや感情、プライドに及び、相談に答えるにあたっては、他の事件類型に比べて目配りをしなくてはならない点が多いことになります。

　本書は、そのような視点から、離婚手続、離婚原因、離婚給付、子ども、資力、不貞・DVと多方面にわたり、離婚事件で押さえておくべきポイントを網羅しました。

　また、シリーズ既刊本『失敗事例でわかる！　民事保全・執行のゴールデンルール30』（学陽書房、2020年）と同じく、具体的な手続の進行を踏まえて、「失敗」を紹介する形で、より読者の皆様の心に「ゴールデンルール」を刻んでいただけるような形式としています。

なお、法理論や裁判例の紹介は紙幅の都合上、事例に関連する部分に止めていますので、基礎となる枠組み等については、本書を開いた上で、基本書などを適宜参照していただければと思います。

　本書が、お読みくださった読者の皆様のお力になることを祈念しております。また、本書を上梓する機会を与えてくださった学陽書房の大上真佑氏に、この場を借りて深く御礼を申し上げます。

令和3年6月

堀口　雅則

第1章　手続にまつわる失敗

凡　例

　法令等の内容は、2021年6月現在施行のものによります。

　本文中、法令等および資料、判例を略記した箇所があります。次の略記表を参照してください。

■法令その他

〈略記〉	〈法令名等〉
民	民法
民訴法	民事訴訟法
家手法	家事事件手続法
人訴法	人事訴訟法
DV 防止法	配偶者からの暴力の防止及び被害者の保護に関する法律

■判例

〈略記〉	〈裁判所名等〉
最判（決）	最高裁判所判決（決定）
高判（決）	高等裁判所判決（決定）

■資料

〈略記〉	〈資料名等〉
民集	最高裁判所民事判例集・大審院民事判例集
判時	判例時報
判タ	判例タイムズ

〈判例の表記〉

　最高裁判所判決昭和62年9月2日判例タイムズ642号73頁

　　→最判昭62. 9. 2判タ642号73頁

第 **1** 章

手続にまつわる失敗

財産項目を見落とすな

〈協議離婚の留意点〉●●●●●●●●●●●●●●●●●●●●●●●▶

失敗事例 離婚協議書の記載の遺脱あれこれ

　甲弁護士は、Xから離婚の相談を受け、Xの話では、「長年連れ添っ
てきた妻と離婚したい」「離婚することについては妻も同意している」
とのことでした。Xと妻Yとの間には、子どもが2人いたが、いずれも
すでに成人して家を出ています。Xは、昨年定年を迎えて退職金ももら
ったし、悠々自適の生活に入ろうと思っていたところ、かねてより家庭
を省みないXに対して不満を抱いていたYが、退職して毎日家にいるX
に対して不満が爆発し、どちらからともなく離婚の話を切り出したとい
う、いわゆる熟年離婚です。

　XとYとの間の話し合いの結果、慰謝料はどちらも請求せず、単純に
財産分与としてXの財産を折半するということで話がついたとのことで
した。Xの話では、「X名義の財産は、郊外の一戸建ての自宅不動産（土
地及び建物）と2000万円の預貯金くらいである」とのことです。

　甲弁護士は、妻が離婚をすること自体を争っていないのであれば、協
議離婚でちょちょいと終わらせてしまって楽に報酬をゲットしようと甘
く考え、Xが話した財産を前提に離婚協議書を作成しました。ところが、
Yから、骨董が趣味であったX所有の美術品やマニア垂涎の高価なレコ
ードなど財産に漏れがあることを指摘され、離婚協議書を作成し直すこ
とになり、さらには、役所に協議離婚を届け出た後に、Yから年金分割
のことを指摘される始末で、完全にXからの信用を失った甲弁護士でし
た。

1　失敗の原因

　財産分与をするにあたって、どのような財産があって、それをどのように分与するかを特定することは極めて重要です。しかし、甲弁護士は、財産分与の対象となる財産をリストアップして妻Yにも確認してもらうことをせずに、Xの言い分どおりの財産を前提に離婚協議書を作成するという手抜きをしていたのです。

　甲弁護士としては、きちんと財産目録を作成して、分与の対象となる財産をピックアップし、財産の種類・数量と評価額を特定しておくべきでした。さらに、Xだけでなく、**作成途中の財産目録をYにも確認してもらって**、遺脱がないかどうかチェックしてもらえば、後になってぽろぽろと漏れが出てくるなんてことにはならなかったはずです。

　極めつけは、年金分割の点を見落としてしまっていたことです。年金分割の行使期限は、原則として、**離婚後2年以内**です。離婚後2年を経過してしまうと、もはや年金分割を請求することはできなくなってしまいます。

　たとえ協議離婚であっても、このような基本的なことをおろそかにして安易に離婚協議書を作成してしまうと、自分の依頼者だけでなく、相手方の配偶者からも懲戒請求等をされてしまうおそれがありますので、要注意です。

2　離婚の類型

　離婚とは、婚姻関係にある当事者（夫婦）が、いったん有効に成立した婚姻関係を、婚姻後に生じた事情を理由として将来に向かって解消することをいいます。

　離婚の類型としては、大別すると、①協議離婚、②調停離婚、③裁判離婚の3つの方法があります（調停離婚とは別に、審判離婚を挙げることもできると思います）。

下記の表のとおり、わが国における離婚の統計では、全体の約90パーセントが協議離婚であり、残りの約10パーセントが裁判離婚（ここでいう裁判離婚には調停離婚も含まれています）です。裁判離婚のうち、約9割が調停離婚、約1割が判決離婚ないし和解離婚となっています。

■離婚類型の内訳

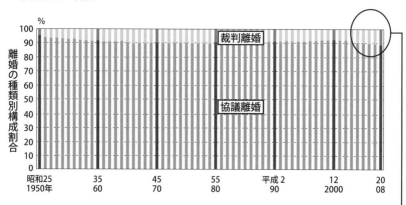

■裁判離婚の種類別構成割合の年次推移[1]—平成16〜20年—

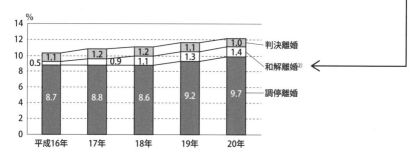

注 1）審判離婚と認諾離婚は割合が少ないため表示されていない。
　　2）平成16年の和解離婚は4月からの数値である。

（厚労省の統計資料から）

14

① **協議離婚**

　夫婦だけで話し合って離婚する方法で、もっともオーソドックスで簡便な方法といえます（民763条）。

　離婚の成立時期は、役所に離婚届を提出し、受理された時点になります。

② **調停離婚**

　当事者間で離婚の合意ができない場合は、家庭裁判所に離婚の調停を申し立てることになります（人訴法2条1号、家手法244条、255条）。

　調停とは、**家庭裁判所において、裁判官や調停委員が当事者の間に入って双方の意見を聴くこと**で、当事者間の離婚等の協議をスムーズに進める手続です。そのため、裁判所が関与するといっても、あくまでも当事者間の合意によらなければ調停は成立しません。

　ただ、わが国の法律では、家庭や親族に関することは、まずは当事者間の協議によって解決されることが望ましいとしているため、いきなり③裁判離婚を求めることはできず、まずは②調停離婚を申し立てて、それでも当事者間の協議がまとまらない場合にはじめて、③裁判離婚を求めることができます。これを**調停前置主義**といいます（家手法257条1項）。

　調停離婚が無事に成立し、調書が作成された場合は**確定判決と同じ効力を有する**ことになりますので（家手法268条1項）、例えば、調停調書どおりに相手方が財産分与の金額を支払わないといった場合には、相手方の財産を差し押さえることもできます。調停についての詳細は、本書**第1章2**参照。

③ **裁判離婚**

　離婚調停でも当事者間で離婚について合意できないときは、家庭裁判所に離婚の訴えを提起することができます（人訴法2条1号、家手法257条1項、民770条）。夫婦間に離婚原因（民770条1項各号）があると認められるときは、裁判所は、判決で離婚を言い渡すことになります。

3　協議離婚の落とし穴

　このように、わが国における離婚のほとんどは協議離婚の方法で行われていますが、協議離婚は、当事者だけで話し合って決める場合が多く、その場の感情にまかせて安易に決めてしまい、後になって「慰謝料や養育費を定めておけば良かった」なんて話も仄聞されます。

　そのため、協議離婚をする場合には、当事者間で取り決めておくべき事項を漏れなく検討して、**遺恨を残さないようにしておく必要**があります。

　とはいえ、このような専門的な知識を持ち合わせている人は少ないでしょうから、離婚協議書を公正証書で作成したり、弁護士に作成を依頼することにより、間違いは少なくなるものと思われます。

4　協議離婚の進め方

　まずは、協議離婚の流れを見ていきましょう。協議離婚は概ね下記のような流れで進めていきます。

① 配偶者に対して離婚を切り出す。
　　　　　　　↓
② 夫婦間で離婚の条件を話し合う。
　　　　　　　↓
③ 離婚協議書を作成する。
　　　　　　　↓
④ 役所に離婚届を提出する。

　この①〜④の過程の流れで、とりわけ重要なのは②と③です。

　②の離婚の条件としては、財産分与をどうするか、慰謝料を支払う必要があるのかといったことを取り決める必要があります。子どもがいる場合には、親権をどうするか、養育費をいくらにしてどのように支払うのかといったことも取り決めの対象となってきます。

　弁護士が離婚協議書の作成を依頼された場合には、相談者から、**相**

談者がどのような財産を持っているのか詳しく聴取する必要があります。その際、財産分与の場合は、夫婦が婚姻生活の中で共同で形成してきた財産を分けることになりますので、相談者の財産だけでなく、**配偶者の財産も何があるのかを聞いておくことも忘れないように**してください。

　ここで楽をして安易に相談者の話だけを聞いて財産を確定しようとすると、後になって重要な財産が漏れていることに気づき、財産分与の金額も変わってくることになりかねません。

　基本的に財産分与はいったん合意してしまうと、相手方の承諾があるなど**余程のことがない限り、効力を覆すことができません**ので注意が必要です。

　私見ですが、財産を漏れなく拾うためには、下記のように、現預金、不動産、動産、債券といった財産の種類ごとにリストアップしてみるのが、最も確実な方法だと思います。

　リストアップする財産の基準時は、基本的に離婚時（別居している

■財産項目のリストアップ例

種別	財産の内容	残高	評価額	名義
現金		○○○円	○○○円	共有
預貯金	○○銀行○○支店　普通 口座番号○○○○○○	○○○円		夫
	○○銀行○○支店　普通 口座番号○○○○○○	○○○円		夫
	○○銀行○○支店　普通 口座番号○○○○○○	○○○円		妻
不動産	東京都新宿区○○　地番○○の土地		○○○円	夫
	東京都新宿区○○　家屋番号○○の建物		○○○円	夫
自動車	トヨタ○○		○○○円	夫
その他動産	骨董品（壺1点、茶入れ2点、絵画5点）		○○○円	共有
有価証券	株式（銘柄：○○株式会社）		○○○円	夫
生命保険 解約返戻金	○○生命保険　終身保険 証券番号○○○○○○	○○○円		妻

場合は別居時）ですが、まずは現時点の評価額や残高を記載してみましょう。

5 　見落としやすい年金分割

協議離婚を行う上で見落としやすい項目が年金分割です。年金分割の詳細な紹介は、本書第3章16に譲りますが、年金分割とは、離婚をした際に、当事者の一方からの請求により、婚姻期間中の厚生年金記録を当事者間で分割することができる制度です（厚生年金保険法78条の2）。

よくあるのが、**婚姻を機に専業主婦になった妻が、サラリーマンの（であった）夫と離婚する際に、夫の厚生年金の半分を受け取るというケース**です（そのため、国民年金は年金分割の対象となりませんので、夫が自営業者という場合は年金分割制度を利用できないことになります）。

年金分割は、年金分割を受ける側（上記のケースでは妻）が1人で手続を行える「3号分割」という制度もありますが、これは2008年4月以降の年金積立分しか対象にならないので、一般的には、夫婦間で合意して分割の割合を定める「合意分割」という制度を利用することが多いのではないかと思います。協議離婚の場合は、夫婦が話し合って離婚の条件を定めて合意の上で離婚しますので、合意分割に馴染むものといえます。

もっとも、ついつい財産のリストアップにばかり気を取られてしまい、年金分割が漏れてしまうケースが多いのではないでしょうか。年金分割は、**離婚をした日の翌日から起算して2年**を過ぎると請求できなくなってしまいますので、特に注意が必要です。

■こうすればよかった■

今回の甲弁護士は、安易に相談者Xの話だけで財産を特定してしまったことが最大の失敗でした。

財産分与の際に通常対象となり得る財産をあらかじめリストアップ

しておき、その財産の項目ごとに、該当する財産がないかどうかをX
に聞いていけば漏れが生じるリスクは相当程度低くなったのではない
でしょうか。

　また、年金分割は特に失念しやすいですし、分割請求の期限もあり
ますので、財産分与の際は必ずチェックするようにしておくべきです。

※　これがゴールデンルールだ！

　協議離婚の際に財産分与をする場合には、必ず財産の項目をリ
ストアップして、該当する財産項目がないかチェックしよう。
年金分割も忘れずに！

2 離婚判決はすぐにもらえる？

〈調停前置〉••••••••••••••••••••••••••••••••••••••▶

失敗事例 調停からやりなおせ、ですと？

　甲弁護士は、Ｘから離婚について相談を受けていました。

　Ｘの夫ＹはかねてからＸではない女性と交際しており、Ｘは探偵に依頼してＹがその女性とラブホテルに入る写真を手に入れていました。その上で、ＸとＹとの子どもであるＺが１年後には小学生になるので、それまでにＸはＹと離婚し、Ｚの親権を得てＺの姓をＸの旧姓に変更した上で小学校に通わせたいと思い、甲弁護士に相談に来ました。

　甲弁護士は、Ｙの不貞行為は立証できることから、離婚訴訟を提起すれば早期に判決が得られると考えてＸにその旨を伝え、Ｘの依頼を受けて離婚訴訟を提起しましたが、裁判所から「調停を経ていない」という指摘を受け、調停からやりなおしたところ、離婚する前にＺは現状のＹの姓のまま小学校の入学を迎えることになりました。

　ＸはＺの姓の変更が間に合わなかったことに怒りを感じ、甲弁護士は今にも解任されそうです。

解説

1　失敗の原因

　原則として、**離婚訴訟は、離婚調停を経てからでないと提起できません**。甲弁護士の失敗の原因は、このことを知らないまま、安易に訴訟を提起したことです。

2 調停前置主義

① 根拠条文

家事事件手続法244条は「家庭裁判所は、人事に関する訴訟事件その他家庭に関する事件（別表第一に掲げる事項についての事件を除く。）について調停を行うほか、この編の定めるところにより審判をする。」と定めています。なお、離婚訴訟はここでいう「人事に関する訴訟事件」にあたります（人訴法2条1号）。

そして、同法257条1項は「第244条の規定により調停を行うことができる事件について訴えを提起しようとする者は、まず家庭裁判所に家事調停の申立てをしなければならない。」としていますので、離婚事件については訴えを提起する前に家事調停の申立てをしなければなりません。

家事事件手続法は、離婚のような家庭に関する訴訟事項については、いきなり訴訟手続によって公開の法廷で争われることは家庭の平和と健全な親族共同生活の維持を図るという見地からは望ましくないと考え、当事者の互譲により円満かつ自主的に解決する措置である家事調停を経ることを求めていることが理由とされています（秋武憲一『離婚調停〔新版〕』（日本加除出版、2013年）12頁）。

② 調停を経ずに訴訟提起したときの対応

仮に調停申立てをせずに訴えを提起した場合、同条2項により「裁判所は、職権で、事件を家事調停に付さなければならない。」とされ、**職権で家事調停に付する**こととされています。

③ 例外

同条2項で「ただし、裁判所が事件を調停に付することが相当でないと認めるときは、この限りでない。」とされ、相手方の行方不明、相手方が精神障害等で調停では解決できない、相手方が調停に応じないことが明らか、当事者が外国籍で外国に在住している等で、調停に馴染まない場合がそれにあたるとされています。

3　離婚判決を得るまでの流れ

① 交渉

　まずは、相手方と離婚について交渉します。離婚することに応じるか、その上で、婚姻費用、財産分与、（子どもがいる場合には）養育費、親権、不貞行為などがあった場合には慰謝料をどうするか、などを協議します。

　相手方に代理人が就いている場合には比較的容易に争点を絞り込むことができますが、相手方に代理人が就いておらず、相手方本人と交渉する場合には、相手方が感情的になり、交渉が進まなかったり、ややもすると連絡すら取れなくなったりすることもありますので、早期に法的手続への移行を検討します。

　協議離婚することの良いところは、**早急に、また、個々の争点に深く立ち入りすぎずに解決できること**です。その反面、一方が頑なに離婚に応じない場合など、**根本的な対立がある場合には、法的手続に進んで第三者の意見や判断を得る必要**が出てきます。

② 調停

　管轄の家庭裁判所に家事調停の申立てをします。申立ての書式は裁判所のウェブサイトに掲載されています（https://www.courts.go.jp/saiban/syosiki/syosiki_kazityoutei/index.html）。

　調停申立てから相手方への送付等がスムーズに進めば、申立てから **1ヶ月半から2ヶ月程度**で第1回の期日が開かれます。期日では、双方別々の控室で待機し、相互に調停委員から呼ばれて協議をしますので、相手方と会うことはありません。第1回期日の冒頭に調停委員から双方同席の上、調停手続の説明がされますが、**同席したくない場合は、希望を伝えれば概ね対応**してくれます。

　調停では、交渉と同じく諸々の争点について協議しますが、法的手続ですので、調停委員の勧めによって相互に収入関係書類など客観的な資料を提出し、話を進めていきます。

③ 審判

　調停はあくまで話し合いですので、双方が合意に至らないことも

あります。その際に、一定の場合には審判がなされることもあります。これは**第1章4**で詳述します。

④ **訴訟**

調停はあくまで話し合いですので、合意に至らない場合は調停が終了します。そして、新たに離婚訴訟を提起して解決を図ります。

訴訟に至る場合には、相手方の態度によって、交渉開始から長期間が経過している可能性が大きいです。

⑤ **その後の手続**

仮に離婚によって親権者の姓が復氏し、それに伴って子どもの姓も変更するのであれば、別途、**子どもの氏の変更許可申立て**をし、許可を得る必要があります。

こうすればよかった

離婚事件を受任するにあたり、依頼者から「急いでほしい」という要望を受けることがたまにあります。その際には、依頼者がなぜ急ぐのか、相手方の態度はどうなのかをしっかり聴取し、できれば交渉でまとめてしまうのが双方にとって一番負担が少ないですし、早期に解決します。

本件で、約1年後の小学校入学に間に合わせるためには、子どもの氏の変更許可申立てを視野に入れれば、法的手続をとる時間はなく、交渉でまとめるしかない事案です。仮にYの態度が硬く、法的手続をとらざるをえない場合でも、Xの早期離婚の意向には沿えない可能性があることもしっかり説明しておくべきでした。

✹ これがゴールデンルールだ！

離婚には争点と段階が多く、判決までに時間がかかるので気をつける。

❸ 管轄の確認を怠るな

〈調停の留意事項〉 ••••••••••••••••••••••••••••• ▶

失敗事例 札幌家裁の管轄であることに気づき真っ青

　甲弁護士は、修習生時代、丸の内のキラキラ高層オフィスに対する憧れから企業法務弁護士を志し、希望が叶って、都内の企業法務系法律事務所に入所しました。仕事を一通りこなせるようになり自信がついた頃、顧問先企業のA社長から「私的な相談を受けてほしい」と頼まれました。甲弁護士は、A社長からの依頼を断るわけにもいかず、社長の娘であるXの離婚事件の相談を受けることになりました。

　早速Xと打合せを行ったところ、「Xは夫Yと子どもと3人で札幌市内で暮らしていたが、Yの女性問題が発覚したことから、直ちに子どもを連れてXの実家（世田谷区内のA社長宅）へ帰ってきた」とのことでした。Xは、Yと電話やLINEで今後のことについて何回も話し合ったところ、離婚することについては合意したものの、財産分与や養育費等の条件について折り合いがつかなかったようです。甲弁護士は、ＸＹ間で十分な話し合いを行ってなお折り合いがつかなかったようなので、東京家裁に調停の申立てを行う方針とし、着手金・報酬金についても相談し、委任契約を締結した上で打合せを終えました。

　翌日、甲弁護士は早速調停申立書の起案に取り掛かったところ、相手方Yの住所地が札幌市であることに気づき、真っ青になりました。札幌家裁の管轄となることにようやく思い至ったのです。

　甲弁護士は、Xにすぐに電話した上で、札幌家裁の管轄となることを説明し、旅費や日当がかかることを説明しましたが、Xは「どうして打合せのときに言ってくれなかったのか」とカンカンです。甲弁護士の面子は丸潰れで、顧問先からの信用も失ってしまったのでした……。

1 失敗の原因

　離婚相談においては、本件事例の相談者（X）のように、**配偶者と別居して実家へ帰り、実家近くの弁護士に相談したところ、調停の申立てにあたって管轄がハードルになる**というケースはしばしばみられます。

　遠隔地での調停となると、交通費や日当（3～10万円程度）がかさみますし、場合によっては現地の弁護士に依頼する方が相談者のニーズに適うということもあるでしょうから、管轄は方針を決定する上での重要な前提事項です。

　今回の甲弁護士の失敗は、方針を決定するにあたって管轄の検討を怠ってしまったことが、原因です。通常の民事訴訟においては、土地管轄は義務履行地（民訴法5条1号）や不法行為地（民訴法5条9号）を基準とすることができ、相手方の普通裁判籍（民訴法4条）に縛られないため、相手方の住所が遠隔地であることについて注意が及んでいなかったのかもしれませんが、これはまずいです。

　なお、甲弁護士が企業法務弁護士を志した動機は非常に軽薄ですが、ある意味では、素直・純粋で、個人的には好感が持てます。もちろん今回の失敗の原因とは関係ありません。

2 家事調停事件の管轄

① 原則：相手方の住所地

　家事事件手続法245条1項は「家事調停事件は、相手方の住所地を管轄する家庭裁判所又は当事者が合意で定める家庭裁判所の管轄に属する。」と規定していますので、家事調停事件の土地管轄は、原則として、「**相手方の住所地**」が基準となります。

　本件事例についていえば、相手方（Y）は札幌市在住のようですから、札幌家裁の管轄となります。

　なお、離婚「訴訟」の場合とは、以下のとおり管轄が異なること

に注意しましょう。

■家事調停と離婚訴訟の管轄

種類	管轄裁判所	条文
家事調停	①相手方の住所地を管轄する家庭裁判所 ②当事者が合意で定める家庭裁判所	家手法245条１項
離婚訴訟	当事者（原告 or 被告）が普通裁判籍を有する地を管轄する家庭裁判所	人事訴訟法４条１項

② **例外１：合意管轄**

　原則は上記のとおり、「相手方の住所地」ですが、家事事件手続法245条にも記載されているとおり、「当事者が合意で定める家庭裁判所」にも管轄は認められます（合意管轄）。相手方にとっても便利（勤務地に近いなど）であれば合意に応じてもらえる可能性もありますが、期待できないことの方が多いと思われます。

　なお、管轄合意は**書面による必要**があります（家手法245条２項、民訴法11条２項）。

③ **例外２：自庁処理**

　家庭裁判所は、管轄に属しない家事調停の申立てを受けた場合には、管轄を有する家庭裁判所に移送しなければなりませんが、例外的に、**事件を処理するために特に必要があると認めるとき**は、申立てにより又は職権で、他の家庭裁判所に移送し、または自ら処理すること（これが「自庁処理」です）ができるとされています（家手法９条１項）。

　ここにいう「特に必要があると認めるとき」とは、本来の管轄に従えば申立人あるいは当事者双方にとって不便であったり、当事者の経済力等を比較してその一方に著しい負担を強要することになるなど、**管轄の原則を緩めても事件の適正迅速な処理のために必要である場合**をいうと考えられています。自庁処理とするかどうかは裁判所の裁量に委ねられているわけですが、「特に必要があると認め

るとき」とされていることからすると、あくまでも限定的な例外にすぎないと考えるべきでしょう（自庁処理にチャレンジするのであれば、説得的な内容の自庁処理申立書を作成する必要があります）。

　なお、移送ないし自庁処理の裁判をするにあたっては、当事者及び利害関係参加人の意見を聞く必要があります（家事事件手続規則8条1項）。また、自庁処理等の申立てを却下する裁判に対しては、即時抗告をすることができます（家手法9条3項）。

④　まとめ

　以上のとおり、家事調停事件の管轄は、原則として、「相手方の住所地」を管轄する家庭裁判所であり、例外（合意管轄、自庁処理）はあるものの、期待できないことが多いと考えておくべきでしょう。

こうすればよかった

　離婚調停に限らず、土地管轄は方針を決定するにあたって重要な前提事項です。甲弁護士としては、土地管轄を確認した上で方針を決定すべきでした。これに尽きます。

✺ これがゴールデンルールだ！

　管轄の確認を怠るな！

調停不成立なら訴訟しかない?

〈調停に代わる審判〉・・・・・・・・・・・・・・・・・・▶

失敗事例 訴訟したら二度手間だった!

　　甲弁護士は、Xから夫Yに対する離婚調停を受任し、調停を進めてきました。Yにも乙弁護士が代理人に就いたことで協議は概ね順調に進み、XとYが離婚すること、親権は母であるXがとること、財産分与の額などについてはある程度の合意に至りました。しかし、養育費の額についてのみ、Yは頑なに応じません。

　　甲弁護士から乙弁護士に事情を聴いたところ、Yも早期の解決は望んでいるものの、調停委員の方針に納得せず、「裁判官の公平な判断があれば再検討しても良い」と言っているそうです。

　　甲弁護士はしかたなく「調停を終わらせてほしい」と調停委員に述べ、調停を終了させて訴訟提起をしましたが、訴訟においてY側は、今まで調停で協議したことも争い、訴訟手続は遅々として進みません。依頼人からは、「何で調停なんかしたんだ。二度手間だった」と文句を言われ、また、長期間に及んだ調停が無駄になったことで、甲弁護士自身も疲れ切ってしまいました。

解説

1　失敗の原因

　確かに、調停で双方の合意ができなければ調停を終了し、改めて訴訟を提起する必要があります。しかし、ここまで話が詰まっていたのに甲弁護士は**調停にかわる審判**への移行を検討しませんでした。

2 調停に代わる審判制度

① 家事事件手続法の構造

　家事事件手続法を見ていただくと、末尾に「別表第一」と「別表第二」という2つの表があります。このとおり、家事事件手続法が対象とする事件は、大きく2つに分かれています。なお、離婚調停はこのいずれにもあたらないいわゆる「一般調停」であることに注意が必要です。

　別表第一事件は、相続放棄、後見人の選任、養子縁組の許可など、公益に関するために家庭裁判所が後見的な立場から関与するもので、一般的に当事者が対立して争う性質の事件ではないことから、調停ではなく、専ら家事審判のみによって扱われます。

　それに対して別表第二事件は、親権者の変更、養育料の請求、婚姻費用の分担、遺産分割などがあり、一般的に当事者間に争いのある事件であることから、まずは当事者間の話し合いによる自主的な解決が期待され、調停で扱われるほか、調停が不成立になる場合には審判になります（家手法272条4項）。

　なお、一般的に離婚に関わって生じる別表第二事件は本項末の表のとおりです。

② 調停に代わる審判の根拠条文

　このように、別表第二事件は自動的に審判移行しますが（家手法272条4項）、それに関わる離婚調停そのものは一般調停なので自動的に審判移行しません。そのようなときのために、「調停に代わる審判」の制度があります。

　調停に代わる審判の制度は、家事事件手続法第3編第3章に定められており、同284条1項は「家庭裁判所は、調停が成立しない場合において相当と認めるときは、当事者双方のために衡平に考慮し、一切の事情を考慮して、職権で、事件の解決のため必要な審判（以下「調停に代わる審判」という。）をすることができる。」としています。

　つまり、一般調停である離婚調停でも、一定の事情があれば例外

的に「調停に代わる審判」となる、という仕組みです。

③　要件

　条文上、要件は「調停が成立しない場合において相当と認めるときは、当事者双方のために衡平に考慮し、一切の事情を考慮して」とされており、具体的には、**双方が離婚に合意しているが、条件面でさほど大きくないズレが残っている場合や、双方が早期の決着を希望し、審判離婚を望んでいる場合**などが挙げられます。

④　効果

　新たな審判申立てを要せず、審判に移ります（これを審判移行といいます）。なお、審判移行した後では、調停の取下げはできなくなります（家手法285条1項）。

　審判は確定判決と同様の効力を持ち（同287条）、審判については後述の異議申立ての他、審判結果に対して即時抗告ができます（同288条）。

3　調停に代わる審判のメリット・デメリット

①　メリット

　調停に代わる審判のメリットは何といっても、調停での協議結果を活かして、**残った部分だけを審判に委ねることで、早期の充実した解決を図ることができること**にあります。

　通常、交渉を経て調停に入った場合には、お互いに収入に関する資料などを提出し、それをもとに財産分与の対象となる財産の一覧表などを作成し、子どもについても、家庭裁判所調査官の調査が入るなどして、充実した協議が進められることが少なくありません。この場合、何度も期日を重ね、争点が多い場合、時には半年から1年の時間を経ることもあります。

　また、このような調停を経ると、双方ともに実質的にある程度の主張立証を尽くし、**事案解決の機運が高まっています。**

　多くの争点がほぼ合意に至っているものの、残り1つか2つの争点が残っている、という状態で調停を終了し、改めて訴訟を提起す

るとなれば、双方にとってそれまでの協議は無駄になってしまいますし、せっかくの解決の機運を失わせることにもなります。

② デメリット

　調停に代わる審判があった場合、当事者は審判後2週間以内に異議申立てをすることができ（家手法286条1項）、適法な異議の申立てがあったときは調停にかわる審判は無効となります（同条5項）。

　このように、**手続が容易に覆される不安定さ**が最大のデメリットとなります。

　例外として、調停申立ての際に異議申立てをしないという共同の申出を書面でした場合には異議申立てができなくなりますが（同条8項、9項）、調停に代わる審判の告知までに撤回できる（同条10項）ので効力は低いと思われます。

　一般的に審判離婚の割合は極めて低い、よって、調停にかわる審判は効果の高い手段ではない、と言われてしまうのはこれが理由です。

4　どのような場合に活用すべきか

　以上のメリットとデメリットを踏まえると、どのような場合に調停に代わる審判を活用すべきか、という条件が見えてきます。

　まず1つは、調停においてある程度協議が進み、**それまでの調停の結果を無駄にするのは勿体ないところまで来ている**ということです。ここまで来ていながら、調停を終了するのは無駄になります。

　次に、**異議申立てがされないような関係性が双方にあること**です。例えば、双方に代理人がついており、充実した協議を通じてお互い誠実な交渉ができている場合や、当事者が、裁判官による公権的な判断を経れば納得することが見込まれる場合などがこれにあたります。そのような状況があれば、双方にとって調停に代わる審判で解決することのメリットは大きいと思われます。

　当職も過去に、離婚交渉から始めて、婚姻費用分担調停、夫婦関係調整調停、婚姻費用減額調停を経て2年ほど調停を続けた事件で、唯

一残った争点について審判に委ね、審判離婚に至ったケースがありました。

この事件はまさに、協議を重ねるうちに双方当事者、代理人、そして調停委員会に良い意味での信頼関係が醸成され、また、訴訟でイチからやりなおすのは勿体ない、という感覚も共有できたことで、審判に至った事案でした。

こうすればよかった

甲弁護士は、調停申立て当初から調停に代わる審判の可能性を念頭に置きつつ、調停を進め、本件のようにある程度争点が絞られている場合には、審判移行してもらう方針にすべきでした。

仮に当方に不利な結果が出ても、そのときに依頼人と協議して異議申立てや抗告という手段もありますし、当方に有利な結果が出たとしても、相手方当事者が拘る公権的な判断を得ている以上、相手方が異議申立てをする可能性は高いとはいえなかったからです。

☀ これがゴールデンルールだ！

調停に代わる審判は確かに不安定な制度だが、事案によってはとても有効な手段となる。調停申立てする場合には常に念頭に置くべし。

■一般的に離婚に関わって生じる別表第二事件

項	事項	根拠条文
1	夫婦間の協力扶助に関する処分	民752条
2	婚姻費用の分担に関する処分	民760条
3	子の監護に関する処分 ※養育費請求などもこれに入ります。	民766条2項及び3項（これらの規定を民749条、771条及び788条において準用する場合を含む。）
4	財産の分与に関する処分	民768条2項（民749条及び771条において準用する場合を含む。）
5	離婚等の場合における祭具等の所有権の承継者の指定	民789条2項（民749条、751条2項及び771条において準用する場合を含む。）
8	親権者の指定又は変更	民819条5項及び6項（これらの規定を民749条において準用する場合を含む。）
16	請求すべき按分割合に関する処分	厚生年金保険法78条の2第2項

⑤ 主権の壁

〈渉外離婚〉 ●●●●●●●●●●●●●●●●●●●●●●●●●●●● ▶

失敗事例 裁判が開かれるのは半年後だなんて！

　甲弁護士は、Xから離婚事件の相談を受けました。

　Xの夫YはA国籍で、日本での滞在歴は20年以上にも及びます。結婚当初は仲睦まじく暮らしていましたが、結婚生活も長くなるにつれて互いの口論も絶えなくなり、夫婦仲は急激に悪化してしまいました。

　Xから相談を受けた甲弁護士は離婚事件として受任しました。甲弁護士は当初は子どももいないし、Xも仕事をしていて自立できているので調停で簡単に話がまとまるだろうと高を括っていました。そのため、Xにも「調停を申し立ててサクサクと終わらせましょう。Yさんもその気なら早く終わりますよ」と説明し、Xとしても甲弁護士の説明をすっかり信頼して依頼しました。

　しかしながら、甲弁護士が調停に向けて準備している中、YはA国に突然帰国してしまいました。

　甲弁護士としてはYがA国に帰国してしまったので、離婚訴訟を提起する方針に変えました。訴状も提出して1週間も経たない頃に裁判所係属部の書記官から電話がかかってきました。書記官から、「Yさんは国外に居住しているので、通常の送達はできません。国外送達の手続をとるので準備してください」と言われてしまいました。慌てて準備していると、再び書記官から電話があり、第1回弁論期日を半年後に指定されました。甲弁護士はこれらの事情をXに説明したところ、Xからは「早く終わると自信満々に言っていたのに、半年後に裁判が開かれるなんて！　先生、裁判した経験本当にあるんですか？」と非難されてしまいました。「もっと勉強しなければ……」と悔やむ甲弁護士でした。

1 失敗の原因

　甲弁護士の失敗の原因は外国送達についての知識が不十分だったことです。

　一般に事件を受任するに際しては、もしも裁判になったときのことを考えて相手方の住所地を確認することはよくありますが、それが日本国外になろうと考えることはあまりないと思います。甲弁護士もおそらくは相手方の住所地までは確認したと思われますが、まさか相手方の居住先が国外になろうとは思ってもみなかったのではないでしょうか。

　しかしながら、昨今は国際結婚の増加に併せて国際離婚も増えています。離婚すれば、夫婦のいずれかはそれまでの居住地から出て、新たに生活の場を確保することになります。日本に生まれ育った人なら実家に帰るという選択もありますが、それでも北は北海道から南は沖縄と国内で、管轄裁判所を気にすることはあっても、送達まで心配することはないと思われます。しかし、**外国籍の配偶者の場合は、日本での生活に見切りをつけて国籍国に帰ってしまう**という選択もあり得ます。

　国外に居住する相手方を被告として訴訟を提起する場合には、日本国内と異なり当然に裁判管轄も及びませんし、簡単に送達をすることもできません。甲弁護士としては早めに対応したと思われますが、そうであっても相手方は待ってくれません。

　それでは、外国送達について見ていきましょう。

2 外国への送達手続

① 法令上の根拠

　ある国で行われている裁判の進行・審理のために他国の裁判機関が国際的に協力する活動を「**国際司法共助**」といいます。その中心は送達と証拠調べについての国際的な司法協力です。

国際司法共助の国際的法源となるものとして、日本も締結している、「民事訴訟手続に関する条約」（以下「民訴条約」という）と「民事又は商事に関する裁判上及び裁判外の文書の外国における送達及び告知に関する条約」（以下「送達条約」という）があります。これらは多国間条約ですが、このほかにも「日本国とアメリカ合衆国との間の領事条約」などの二国間条約もあります。

　国際司法共助の国内的法源として、「民事訴訟手続に関する条約等の実施に伴う民事訴訟手続の特例等に関する法律」と「民事訴訟手続に関する条約等の実施に伴う民事訴訟手続の特例等に関する規則」とがあり、民事訴訟法において外国における送達、証拠調べについて規定しています（民訴法108条など）。

② **送達手続**

　ⅰ　送達について

　家事事件のうち、離婚訴訟などの人事訴訟における送達手続は民事訴訟法に従うことになるので、被告の居住先が外国であれば、**居住先の国へ送達**をすることになります（民訴法108条）。他方で、家事審判事件に関しては、家事事件手続法が送達方法に関して民事訴訟法を準用していますので、相手方の居住先が外国であれば、その**居住先の国へ送達**することになります（家手法36条）。また、家事調停事件については、申立書の写し等は送達ではなく送付ですが、**家事審判事件と同様の扱い**をしています（司法協会「家事事件手続法下における書記官事務の運用に関する実証的研究—家事調停事件及び別表第二審判事件を中心に—」110頁）。

　ⅱ　外国において行う送達の手続

　条約加盟国であれば、条約及び当該国の国内法に基づき送達可能な送達方法として、「領事送達」、「中央当局送達」、「指定当局送達」、「管轄裁判所送達」があります。「**領事送達**」とは、外国に駐在する我が国の領事官に送達させる方法です。「**中央当局送達**」とは、送達条約2条により定められた送達の要請を受理して処理する責任を負う外国の中央当局（司法大臣、外務大臣など）を経由する方法で

す。「**指定当局送達**」とは、外国の指定当局（外務大臣、当該管轄地方裁判所所長など）を経由する方法です。「**管轄裁判所送達**」とは、二国間の司法共助取決めや、個別的な取決めに基づいてなされる送達方法です。このうち、次の理由から「**領事送達**」によることが多いといわれています。

　すなわち、領事送達は、我が国の外交官又は領事館が行うものであるから、他の送達方法に比べて、**手続は簡易で送達に要する時間も比較的短く**、また、受送達者が日本語を解する場合には訳文を添付する必要がなく、**送達費用もかからない**ことから、当事者の負担が軽い送達方法であるとされています。

　条約非加盟国に対しては、対応がまちまちであり送達されない可能性もありますので、条約加盟国かどうかの事前調査が必要です。

iii　裁判所に事前相談すること

　送達に要する費用、訴状等の書類の翻訳準備（公用語が複数ある場合の言語の選択）、実際に現地に送達されるまでのおおよその期間を確認する必要があります。

iv　送達期間

　早くとも4ヶ月程度はかかるといわれています（アメリカ合衆国、大韓民国、中華人民共和国、フィリピンなど）。国によっては1年以上要することもあります（ブラジルなど）。

v　公示送達

　送達条約に従って送達手続をとったが送達できない場合は、民訴法110条の**公示送達**をすることができます（同条1項3号、4号）。これに対し、当該外国との間に国際司法共助の取決めがなく、管轄官庁が嘱託に応じない場合、当該外国に日本の大使等が駐在していない場合にも公示送達をすることができます。

　ただし、これまで国際司法共助の取決めがなく、送達の実例がない国においてすべき送達については、直ちに公示送達をすることができないことになっています。なお、台湾及び北朝鮮等日本と国交がない国において送達すべき場合は、公示送達によらざるを得ない

とされていますので、注意が必要です（司法研修所編『渉外家事・
人事訴訟事件の審理に関する研究』（法曹会、2010年）48頁）。
※上記の説明を次に一覧表としてまとめたので、もしものときの参
考にしてください。

■送達手続の長所と短所

外国送達の方法	長所	短所	備考
領事送達	手続が簡易で、送達に要する時間も比較的短い。受送達者が日本語を解する場合には訳文を要しない。送達費用もかからない。	強制による方法を行うことができないので、受送達者に受領を拒まれると、他の方法により、再度の送達を行う必要が生じる。	当事者の負担が軽いので、当事者ないし裁判所と受送達者との間の接触や交渉経過などから送達物の受領拒否等が予想しにくい事案向き。
中央当局送達	強制による方法を行うことができる。	送達に要する時間が領事送達よりもかかる。送達費用の償還を請求される場合がある。受送達者が日本語を解する場合でも訳文を要することがある。	相手国が送達条約を締結していることを要する。
指定当局送達	強制による方法を行うことができる。	送達に要する時間が領事送達よりもかかる。送達費用の償還を請求される場合がある。受送達者が日本語を解する場合でも訳文を要することがある。	相手国が送達条約を締結していることを要するが、相手国が送達条約を締結している場合には、送達条約が適用され、中央当局送達による方法をとらなければならない。
管轄裁判所送達	強制による方法を行うことができる。相手国が送達条約や民訴条約を締結していることを要しない。	送達に要する時間が領事送達よりもかかる。送達費用の償還を請求される場合がある。受送達者が日本語を解する場合でも訳文を要することがある。	二国間共助の取決め又は個別の応諾を要する。相手国が送達条約や民訴条約を締結しているときには、中央当局送達、指定当局送達等の方法を先ずは用いるべき。

こうすればよかった

　相手方となる配偶者が外国籍の場合は、訴訟提起前に帰国してしまうこともあるので、それに備えた準備をする必要があります。また、受任時にはそのことを依頼者にも説明をしておくことが必要です。

　そして、本事例のような渉外家事事件では、日本と外国の裁判所のどちらが事件を取り扱うのかという「国際裁判管轄」の問題と、その事件に適用すべき実体法を決める「準拠法」の問題とがありますので、これについても注意してください。準拠法については**第1章6**を参照してください。

これがゴールデンルールだ！

　万が一のことを考えて、相談者・依頼者への説明は余裕を持って、かつ慎重に。

⑥ 家族関係の証明は？

〈在日外国籍夫婦の離婚申立て〉 ‥‥‥‥‥‥▶

失敗事例 戸籍がない国のときはどうするの？

　甲弁護士は、日本在住の外国籍のXから離婚事件を受任しました。X
の夫YもXと同国籍者で、2人とも永住者です。Xは正社員として働い
ており、Yは中古車の輸出業を営んでいます。2人とも仕事中心で、起
床時間も帰宅時間も別々、Yは出張が多く半年以上は留守というすれ違
いの生活を長年していました。Xはこのような家庭内別居の生活に苦痛
を感じるようになり、離婚を決意し、甲弁護士に依頼した次第です。

　甲弁護士は相談を受けた時点では、Xは「Yに対しては慰謝料も財産
分与も求めないので早く離婚したい」との希望だったこともあり、さほ
ど困難ではないと高をくくって受任しました。まずは、離婚調停の申立
ての準備で申立書を起案し、住民票等の添付書類の取り寄せを始めまし
た。甲弁護士は事務員に戸籍の取り寄せもお願いしたところ、「先生、
XさんもYさんも外国籍なので戸籍はありませんよ！」の一言が返って
きました。甲弁護士は言われた時には意味が分からず、ようやくXYは
外国籍者で戸籍がないことに気づき、慌ててインターネットで検索する
など調べ始めました。慌てる甲弁護士を尻目に事務員が他の事務所に問
い合わせるなどして、XYの国籍国である在日領事館からXが家族関係
証明書を取り寄せることで事なきを得ることができました。しかし、甲
弁護士としては、こんな簡単なことにも気づけなかったのかと、事務員
に頭が上がらない日々を過ごしています。

1　失敗の原因

　おそらく甲弁護士はこれまでに渉外家事事件の相談や受任経験がなかったのかと思われます。

　一度でも渉外家事事件を相談・受任すれば、**日本の戸籍制度は世界的に見ても非常に特殊なもの**であって、これほど家族関係を客観的に証明できる資料は他にはないことがお分かりになるかと思います。日本に住んでいてごく当たり前のことが、海外では必ずしもそうではないことは多々あります。戸籍制度もこれにあたります。

　甲弁護士にとっては、失敗というよりも、今後渉外家事事件を受任するためのよい勉強の機会になったことでしょう。

2　家族関係の証明

　家事事件の両当事者が日本国籍であれば、当事者の家族関係を証明する書類としては戸籍謄本で足ります。しかし、戸籍制度は日本特有のものです。

　日本と同様に韓国にもかつては戸籍制度がありましたが2008年に廃止されて、現在では家族関係登録簿によって個人ごとに編成されています。そのため身分関係を証明するためには目的別に証明書の発行を求めることになります。

3　婚姻関係を証明する書面の準備

　在日大使館・領事館に問い合わせをして、婚姻関係を証明する書面を入手する必要があります。大使館・領事館で発行してもらえない場合には、国籍国の出身地（市町村に相当する行政区）の公証役場において家族関係を証明するための公正証書を作成する必要が出てきます。なお、これらの証書は当該国の公用語で記載されていますので、裁判所に提出する時は**日本語に翻訳する必要**があります。

　2012年（平成24年）7月9日、外国人登録制度が廃止されました。

廃止前から日本に外国人登録をした上で在住している外国籍者であれば、**外国人登録原票**によっても家族関係を確認することができます。こちらは日本語で記載されているので翻訳の必要はありません。

4　外国人登録記録照会

　依頼者については自ら申請することで取り寄せが可能です。相手方について協力が得られなければ**弁護士法23条の2による照会**によって入手する必要があります。ただし、弁護士法23条の2による照会によっても、照会先が外国の場合には適用されません。例えば、相手方が韓国籍である場合に家族関係登録証明書の交付を同照会によって取り寄せすることはできません。2012年7月9日より前に外国人登録している場合には相手方の外国人登録原票記載事項証明書を同照会によって取り寄せることができます。

5　渉外家事事件等における一般的な添付書類

　渉外家事事件においては家族関係証明書以外にも通常の事件と異な

■主な添付書類の一覧表

目　　的	添　付　資　料
当事者の氏名、出生の年月日及び場所の確認	戸籍謄本、出生証明書、帰化証明書等
当事者の家族関係及び生活状況の確認	戸籍謄本、住民票、婚姻証明書、出生証明書、納税証明書、勤務証明書等
婚姻の年月日及び場所の確認	戸籍謄本、婚姻証明書等
国籍及び住所の確認	戸籍謄本、住民票、旅券や査証の写し、国籍証明書、居住証明書、帰化証明書、外国人登録原票記載事項証明書、運転免許証、納税証明書等
在留資格及び在留期間の確認	旅券や査証の写し、外国人登録原票記載事項証明書等
準拠法ないし準拠法上の要件の具備の確認	準拠法の内容を記載した書面（出典を明らかにした本国における公式法令集の写しとその翻訳）、現行法証明書（本国官憲による証明書）、要件具備証明書（離婚や養子縁組について本国官憲が発給する証明書）、宣誓供述書等

る書類の提出が求められています。一覧表としてまとめました。

6　準拠法

　国際離婚にあっては、法の適用に関する通則法27条によって「準拠法」を決める必要があります。本事例のようにＸＹが同一国籍であれば国籍国の法律、異なる国籍であれば同一常居所地である日本法（民法）が準拠法となります。通則法で必ず確認してください。

こうすればよかった

　失敗の原因でも述べましたように、戸籍制度が日本特有のものであることを知らなかったこと、渉外家事事件についての経験がなかったことに尽きます。甲弁護士もこの受任を機に経験を積めたことでしょうから、次回からは失敗しないと思います。

✹　これがゴールデンルールだ！

　活躍の場を広げるためには、失敗を糧に経験を積もう。

第2章

離婚原因にまつわる失敗

性格の不一致で離婚できますか？

〈離婚原因〉 ・・・・・・・・・・・・・・・・・・・・・・・▶

失敗事例 裁判例の確認を怠ったがために

　Xは、9年前に妻Yと結婚しましたが、結婚当初から、Yを旅行やゴルフ、釣りなどに誘ってもすべて拒絶されたほか、YとXの両親との折り合いが悪く、そのこともあって家庭内でも口論が絶えませんでした。そこで、XとYとで話し合い、お互いに距離を置くこととなり、2年前にXが家を出て、以後別居状態が続いています。別居の際に、毎月XがYに対し、生活費として15万円を送金するという内容の書面を取り交わし、以後、XはYに対し、毎月15万円を送金し続けました。ところが、ある日突然、家庭裁判所から、調停期日への呼出状がXのもとに届き、Yが婚姻費用の増額請求の調停を申し立てたことが発覚しました。

　Yの態度に憤慨したXは、インターネットで探した甲弁護士のもとに相談に行き、Yから申し立てられた婚費増額請求の調停への対応とYとの離婚について依頼しました。しかし、甲弁護士の意見は、「婚費増額請求の調停についてはこちらの主張が認められると思うが、離婚については性格の不一致というだけでは難しいし、別居期間も5年間に満たないので認められないだろう」という消極的なものでした。

　それでもあきらめきれないXは、甲弁護士に離婚調停も申し立ててもらいましたが、終始消極的な甲弁護士の態度もあって、Y側から、2000万円の財産分与を支払えば離婚に応じても良いという提案が出され、やむなくXは、資産のほとんどを手放してこれに応じることとしました。

　その後、インターネットで、性格の不一致や別居期間が3年でも離婚が認められたケースがあることを知ったXは、甲弁護士に抗議し、弁護士会への懲戒請求の申立てを検討しています。

1 失敗の原因

　甲弁護士は、「性格の不一致だけでは離婚原因として認められないし、別居期間も5年に満たなければ、婚姻関係が破綻して婚姻を継続し難い重大な事由があるとはいえず、離婚は認められない」という考えに拘泥してしまい、他の事情を見落としていました。

　本件のような場合でもXからの離婚が認められることもあるので、甲弁護士としては、安易に自分の考えだけに頼らず、よく裁判例等を確認して、何とかXの離婚が認められるよう離婚調停においても積極的に主張すべきでした。

　特に、最近はインターネットで予備知識を得てから弁護士に相談に来る相談者も増えていますので、弁護士として常日頃から法令及び法律事務に精通（弁護士法2条）しておくよう努力することがより一層求められています。

　また、離婚のように当事者が特に感情的になっている場面では、相手方に対する怒りが代理人である弁護士にそのまま向けられることもありますので、細心の注意を払って対応する必要があるといえます。

2 離婚原因

　夫婦間で離婚について合意ができれば何の問題もありませんが、離婚について夫婦間で協議がまとまらない場合に、裁判で離婚を認めてもらうためには、民法で規定されている**離婚原因**が存在していなければなりません。

　離婚原因は、民法770条1項各号に列挙されており、次頁の離婚原因がある場合にのみ裁判上の離婚が認められます。

　なお、離婚調停は、当事者間で合意できれば離婚が成立しますが、**裁判官や調停委員も、離婚原因の有無は重要視**していますので、離婚原因の有無によって、調停委員会から提示される調停案の内容も変わってくることに注意が必要です。

■法律上の離婚原因

①	民770条1項1号	配偶者の不貞行為
②	2号	配偶者からの悪意の遺棄
③	3号	配偶者の生死が3年以上不明なとき
④	4号	配偶者が強度の精神病にかかり、回復の見込みがないとき
⑤	5号	その他婚姻を継続し難い重大な事由があるとき

3　その他婚姻を継続し難い重大な事由

　弁護士のもとに離婚相談に来られる相談者に、上記表の①〜④の典型的な離婚原因が存在する場合はまれであり、**性格の不一致やモラルハラスメント（モラハラ）などの原因しかない**というケースが少なくありません。

　そこで、性格の不一致やモラハラなどが、上記⑤の「その他婚姻を継続し難い重大な事由」に該当するかどうかを検討することになります。もっとも、性格の不一致やモラハラと一口で言っても、その態様や深刻度は千差万別ですし、「その他婚姻を継続し難い重大な事由」という離婚原因は、一義的に決まっているものではなく、必然的に評価を伴うものであるため、**婚姻関係が破綻しているかどうかを基準**に判断するのが一般的です。

　「その他婚姻を継続し難い重大な事由」として過去に裁判例で認められた主な類型としては、暴行・虐待があったような典型的な場合のほか、ギャンブルにのめり込んだり、極度の浪費をするような場合や、肉体的・精神的疾患がある場合、性行為を頑なに拒絶する場合、両親との関係が不和の場合、性格の不一致など多岐にわたります。

　そして、かかる類型の中でも離婚が認められやすいかどうかは類型ごとに濃淡があり、例えば暴行・虐待があれば法律上の離婚原因に匹敵するほどの原因があると評価しやすいですが、性格の不一致があるというだけでは、婚姻関係が破綻したとまで評価されるのは、かなりハードルが高いといえます。また、これらの原因が1つしか存在しな

い場合よりも、**複合的に存在するほうがより離婚原因として認められ**
やすいといえます。

4 長期間にわたる別居

　婚姻関係が破綻したといえる最たるものが、長期間にわたる別居です。なぜなら、婚姻生活というものは、夫婦が同居協力してはじめて成り立つものですから（民752条の同居協力扶助義務）、長期間にわたって別居しているような場合は、もはや夫婦と呼べる実態がないといえるからです。

　もっとも、仕事の都合でやむなく単身赴任をしているような場合は、別居はしているものの夫婦としての実態はありますので、婚姻関係が破綻していることにはなりません。

　では、どれくらいの期間別居していれば婚姻関係が破綻していると評価することができるでしょうか。

　平成8年に法制審議会が答申した民法改正案では、離婚原因として新たに「夫婦が5年以上継続して婚姻の本旨に反する別居をしているとき」という基準を加えることを提案しており、**5年が一応の目安**になると考えられ、裁判実務でも5年間別居状態が続いていれば、離婚が認められる可能性は高まるものと考えられます。

　そうなると、別居期間が5年間に満たない場合には、婚姻関係は破綻しておらず、離婚は認められないのでしょうか。

　裁判例では、別居期間の長短だけで婚姻関係が破綻しているかどうかを判断しているわけではなく、上記3において挙げた**各事情（暴行・虐待、ギャンブル・浪費、肉体的・精神的疾患、両親との不和、性行為の拒否、性格の不一致等）との相関関係**で判断しています。

　例えば、別居期間が**3年**であっても、日常的にひどい暴行があったような場合には、婚姻関係が破綻しているとして離婚原因が認められる可能性は高いといえます。

　裁判例でも、婚姻期間が9年間、別居期間が2年半というケースで、「婚姻関係は、既に修復が困難な程度に破綻している」と判断して離

婚を認めているものがあります（東京家裁立川支部平23.6.30判決）。

　この事案では、婚姻期間中、離婚を求められた相手方が関係の修復を希望しつつも、具体的に修復のために何も行動しなかったこと、他方で、離婚を求めた側は関係の修復に一切応じなかったことが、裁判所の判断の決め手になっています。

こうすればよかった

　今回の甲弁護士は、法律上の離婚原因の有無を確認するだけでなく、性格の不一致や両親との不和について、Xから詳細な事実関係を聴取し、**夫婦関係が修復可能かどうかという視点**で事件の見通しをつけるべきでした。

　また、Xと妻Yとの別居期間は**2年**であり、5年間という目安よりは短いですが、上記の性格の不一致や両親との不和との相関関係で婚姻関係が破綻しているかどうかを検討し、少しでも可能性があるのであれば、離婚調停の席上でも、積極的に主張していくべきだったといえます。

　なお、離婚調停が始まれば一定の結論が出るまでには、早くても半年ほどはかかりますし、調停が不調に終わっても離婚訴訟を提起して判決に至るまでには数年はかかりますので、その間に別居期間が長くなり、離婚が認められやすくなるということもあります（その間の婚費は支払わなければなりません）。

　このような検討の結果、なかなか離婚原因が認められるのが厳しいという判断に至ったとしても、Xに「早期に離婚したい」という強い要望がある場合には、相手方が応じない限り離婚ができないこと、法的にこちらが不利である以上、条件闘争となり、相手方に離婚に応じてもらうためには財産分与等でかなりの金額を積まなければならないこと（時間をお金で買う）を、Xによく説明し、十分納得してもらった上で、相手方が提示してきた2000万円の財産分与という提案に応じるべきでした。

これがゴールデンルールだ！

離婚原因は硬直的に考えるな！

婚姻関係が破綻したといえるかどうかは、別居期間とその他の夫婦間の問題との相関関係で判断すべし！

「時間をお金で買う」という決断が依頼者のためになる場合もある。

⑧ セックスレスは離婚原因になる？

〈セックスレスの離婚原因該当性〉 ‥‥‥‥‥‥ ▶

失敗事例 「離婚原因にならないよ！」と門前払い

男性の甲弁護士はある日、大学時代の友人男性Ｘから「下の子どもが生まれて以来、ここ３年ほど妻と性交渉をしていない。自分はその気があるのだが、妻は全く応じてくれない、本当に辛いから離婚したい」という相談を受けました。

Ｘと妻との間には子どもが２人いて、Ｘからすれば、夫婦喧嘩もなく、性交渉がない以外は家庭円満だそうです。Ｘは妻に対して何度か性交渉の希望を伝えましたが、妻から「あなたのことは男性としてはみられないし、そういう気にはなれない」と答えられた、とのことでした。

甲弁護士は「そんな、もう子どもも２人いるんだし、セックスできないくらいで離婚できるわけないだろ、家庭円満なんだから文句言うなよ」と言って追い返してしまいました。

後日共通の知人伝いに、Ｘが別の弁護士に頼んで離婚調停を提起したところ、双方からセックスレスに関連する色々な事情が出てきて、結局双方合意のもと離婚したとのうわさを聞きました。

解説

1 失敗の原因

甲弁護士は、セックスレスは法的な問題になりにくいと決めつけていますが、実は、離婚原因として認められるかどうかについては、少ないながらも最高裁判決も含めた裁判例があるところです。甲弁護士は決めつけずに調査し、Ｘの相談内容を詳細に分析して対応すべきで

した。

2　セックスレスは離婚原因になるか

　離婚原因を定めた民法770条 1 項のうち、 5 号「**その他婚姻を継続し難い重大な事由があるとき**」に当たるかどうかが問題となります。

　同号について、有責配偶者からの離婚請求を認めたことで有名な最判昭62. 9. 2判タ642号73頁は「夫婦が婚姻の目的である共同生活を達成しえなくなり、その回復の見込みがなくなつた場合には、夫婦の一方は他方に対し訴えにより離婚を請求することができる旨を定めたもの」としています。

3　最高裁のリーディングケース

① 　判例の内容

　リーディングケースは最判昭37.2.6民集16巻 2 号206頁最判解昭和37年民事篇40頁です。

　これは、婚姻当時23歳であった妻が、当時32歳であった夫に対し、 1 年半の同居期間中に性交渉をすることができなかったことが離婚原因にあたるとして離婚を求めた事案です。

　この判例は「夫婦の性生活が婚姻の基本となるべき重要事項である」とした上で「被上告人が上告人との性生活を嫌悪し離婚を決意するに至つたことは必ずしも無理からぬところと認められる」として請求を認めました。

　具体的な状況について控訴審判決の認定を引用しますと「被控訴人（夫。筆者注）はたまたま性交を試みんとして控訴人の寝床に入つて来ても、ただ焦慮転々するばかりで、自ら満足することもできず、また控訴人（妻。筆者注）に対しても勿論満足を与えることができないで、遂に顔面蒼白となつて自分の寝床に帰つてしまい、しかもそのまま就眠することができないで、控訴人の体の一部に手を触れて漸く眠るのを常としていた。従つて、控訴人としては、被控訴人の右のような焦燥の態度を見るに忍びないばかりでなく、性交

を遂げないで、顔面蒼白の被控訴人から、ただ身体の一部を撫で廻されているということは、女性として心身共に忍び得ないところであつた。」とされ、事に及ぶ気がない、というよりは、及ぼうとしたが遂げなかったという事案でした。

　なお、本事案で一審は（あくまで当時の基準としてですが）義実家の嫁いじめや夫からのモラルハラスメントのような事情もなく、性交渉以外は概ね円満に夫婦生活を営んでいたと認定しています。

　控訴審判決では「若し本件当事者が今後更に夫婦生活を継続しなければならないとすれば、控訴人は妻という名の無給使用人となり、独り精神上のみならず、肉体上においても回復することのできない破滅を来たすこととなる」として性交渉の有無を重視しました。

　上告にあたり夫側は、控訴審判決が性的能力治療の可否に触れていない点に審理不尽等の違法があると主張しましたが、最高裁は、妻が夫との性生活を嫌悪して離婚を決意していることから、夫の性交能力の欠陥について治療回復の能否および当事者のこれへの努力を認定判示しなくても違法ではない、としています。

② 　解説

　この判例について調査官解説は「夫婦間の性生活は、婚姻が男女の肉体的交通を支柱として成立していることを考えれば、婚姻の基礎として最も重要なもの」として、それが夫の責に帰すべきものではないとしても妻の離婚請求を認めざるをえない場合があるとしています。

　その上で、性交不能の発生時期、原因、態様、夫婦の年齢その他諸般の事情が考慮されるべきであり、性生活は相互の愛情、理解の下に営まれるべきものであるから、性生活が常態でないからといってただちに離婚事由があるとはいえず、相互に協力して欠陥の除去その他問題の解決への努力、工夫がなされてしかるべき、ともしています。

　しかし、本事案に関していえば、前掲のとおり、諸般の事情を考慮しても、**性交渉がまったくできないこと、それによる妻の離婚の**

決意が固いことが重視され、問題解決の努力については必須の前提条件とはされていないように見て取れます。

この他の裁判例ではどのように判断されているでしょうか。

4　下級審の裁判例

① 広島地判昭43. 11. 27判時548号90頁

原告である夫が被告である妻に対し、新婚早々妻の膣炎などが原因で婚姻生活がスムーズに行われず、それが発端で別居に至り離婚を請求した事案です。

裁判所は「その原因は被告の肉体的欠陥に端を発したといえ、それは、原告に対し性交時にいささか不快感を与える外は到底夫婦生活に支障を来すものではありえないことは医師の診断上明らかであるから、原告としては被告の右立場に同情し、温い愛情と理解をもって、被告の病気が一日も早く回復するよう善導・協力すべきであるのにかかわらず、結婚前の性経験から、殊更、これを誇大視して被告を責め、それが治癒した後もこれを理由に被告に対し離婚を強要することは世上あまり例をみないことであって、いささか自己本位な常識に欠ける言動であるとの誹を免れえない。」などとして請求を棄却しました。

交際経験が豊富な夫と、交際経験のない妻との違いや、妻が夫との**婚姻継続を強く望んでいること**などが重視されています。

② 東京高判昭52. 5. 26判時857号77頁

夜間に酩酊して無灯火の自転車で全力疾走したことによって交通事故に遭い、頸部脊髄損傷の傷害を受けて麻痺が残った夫に対して、妻が様々な努力をしても性交渉で満足な結果が得られなかったことなどを理由に離婚を求めた事案です。

裁判所は、性交渉の点のほか、介護の負担や稼働能力などの点も理由として離婚を認めました。

特筆すべきは、夫は再び妻との間に愛情のある夫婦関係を希望していたものの、妻の介護などの負担と、妻の固い離婚の意思を考慮

すると「控訴人に縋る被控訴人の一方的な心情の故に控訴人の飜意を強いることは、生涯控訴人に対してのみ犠牲を強いる結果となりかねず、両当事者の平等な相互協力を本旨とする婚姻の理念に照らしても、当を得たこととはなし難い。」としている点です。

③　横浜地判昭61.10.6判タ626号198頁

　婚約後、新婚旅行中も含めて約１ヶ月の間全く性交渉がなく、その理由も全く告げられなかったために妻が思い悩んで別居をし、離婚と慰謝料を求めた事案です。

　この裁判例では、夫婦は生殖を目的とする結合であるから、夫婦間の性交渉は極めて重要な意味をもつので、新婚当初の夫婦間に性交渉が相当期間全くないのは極めて不自然、異常であり、これが専ら夫の意思にもとづく場合には妻に対し理由の説明がなされるべき、として請求を認めました。

　判示には婚姻の形が多様化した現代においては語弊がある部分もありますが、少なくとも**相手を不安にさせないように理由を説明すべき**、としている点は参考となります。

④　京都地判昭62.5.12判時1259号92頁

　夫が自らの性的不能を隠して妻と婚姻し、婚姻から約３年６月の間性交渉が全くなかった点について、妻が夫に対して離婚と慰謝料を求めた事案です。前提として、夫に性的興奮や性的衝動が生じていないこと、性器系に器質的異常が認められないことが認定されています。

　この裁判例では「婚姻が男女の精神的・肉体的結合であり、そこにおける性関係の重要性に鑑みれば、病気や老齢などの理由から性関係を重視しない当事者間の合意があるような特段の事情のない限り、婚姻後長年にわたり性交渉のないことは、原則として、婚姻を継続し難い重大な事由に該る」と判断し請求を認めました。

　前掲昭和37年最判と同様に性交渉を重視しており、例外事由として、病気や老齢などの理由から性関係を重視しない**当事者間の合意**があるような場合を挙げています。

⑤　**岡山地津山支判平3. 3. 29判時1410号100頁**

　男性との性交渉に耐えられない性質をもつ妻が夫に対して婚姻以来性交渉を拒否し続け、また妻から夫に対する暴言、暴力があったことで離婚したとして夫から妻に対して慰謝料を求めた事案です。

　裁判所は、婚姻は一般には子孫の育成を重要な目的としてなされるものであることが常識であり、夫婦の性交渉も通常の婚姻の営みであって、当事者がこれを期待する感情を抱くのはごく当たりまえ、とした上で、それを全く拒否し、暴言、暴力等によって婚姻を破綻させた妻に対する慰謝料請求を認めました。

　他の事案と異なり、夫から妻に対する請求が認められている点と、夫婦間の**性交渉を期待する感情を肯定**し、また、妻側の（今でいう）モラルハラスメント行為にも言及した点で参考となります。

⑥　**京都地判平2. 6. 14判時1372号123頁**

　婚姻以来、夫が妻と性交渉を全くしようとしなかったことが原因で離婚したとして、妻から夫に対して慰謝料を求めた事案です。

　この裁判例では、夫が性交渉に及ばなかった真の理由は判然としないとした上で、夫が妻との話し合いにおいて不誠実な態度に終始したことで離婚に至ったとして請求を認めました。

　性交渉そのものというより、それがないことについての**妻との前向きな話し合いなどをしなかったこと**が問題視されています。

⑦　**福岡高判平5. 3. 18判タ827号270頁**

　婚姻当初から性交渉を嫌い、性交渉の回数は婚姻後約5ヶ月内に二、三度と極端に少なく、毎晩アダルトビデオを見ながら自慰行為をしている夫に対して妻が離婚を求めた事案です。

　この裁判例では、夫の態度は正常な夫婦の性生活からすると異常というほかない等と判断し請求を認めました。

　着目すべきは、判断にあたっては、性交渉がないことのほか、夫が自営業で収入が不安定なのに交際と称して出歩く等の態度に妻が思いやりのなさを感じたことや、夫が妻の**不満を解消する努力が十分でなかったこと**、また、妻が性生活の異常性を指摘したのに対し

て、夫は、一旦は改善を約束しながら改めていないこと、妻は夫への愛情を喪失し、婚姻生活を継続する意思が全くないこと等の事情も要素としていることです。

　なお、本件に類似する事案として、浦和地判昭60.9.10判タ614号104頁も挙げられます。この事案では、いわゆるビニ本に熱中して毎晩自慰行為をしながら、長男出生後は妻との性交渉に応じなかった夫の行為は婚姻を継続しがたい重大な理由にあたるとして、妻からの離婚請求を認めています。

　この事案でも、性交渉がないことのほか、妻から夫に対してビニ本をやめて正常な性生活を送るよう何度も哀願したが、夫は改めず別室で寝るようになったことや、性生活以外でも異常な性癖（キセル乗車やごみ漁りなど）があったこと、話し合いをして一度は生活を改めると約束したのに改めなかったことなどが認定されています。

⑧　東京地判平16.5.27

　原告である妻が被告である夫の性的不能（器質性のものではなく、精神的なものと推測されています。なお、この夫は婚姻前には性交可能でした）を離婚原因として離婚を求めた事案です。

　この裁判例では「原告は、被告との婚姻生活において性交渉の欠如を裁判離婚原因として主張してはいるが、…（中略）…その主張は、肉体的なつながりを問題としているよりはむしろ、性交渉を通じて夫である被告との精神的つながりをより深めることにより、幸福な家庭生活を営みたいという原告の希望を、被告が全く叶えようとしないことを、より物理的にかつ明確に主張しようとしたものと理解できる。」とした上で「被告の性的不能の点と、被告の性格及び原告に対する生活態度の点とは、区別して考えるべきものではなく、全体を一括して検討、評価すべき」としています。つまり、**性的不能と他の生活態度とを総合して考えるべき**としており、このように総合的に考える枠組みは参考になります。

　そして「原告が被告に対して有する感情が極めて悪い状況にあることは証拠上明らかであって、それ故に、原被告間の婚姻関係は完

全に破綻していると認められること、そして、その原因は、被告の前記のような性格に加えて、被告が、原告を妻として処遇するには配慮を欠く生活態度を見せ続けたことにあることもまた認定できるのであって、もはや、原告が被告の性的不能の改善に寄与ないし努力をしたか否かを問題にする必要はないといえる。」と認定しており、それまでの生活態度等が原因で妻の夫に対する感情が極めて悪いことを重視しています。また、性的不能について相手方の改善の努力は重要視されていません。

⑨　**東京地判平29.8.18判タ1471号237頁**

　同居開始から婚姻も含め1年半の間、性交渉も、接吻や抱擁などの身体的接触すらなく離婚したことについて、妻から夫に対し慰謝料が求められた事案です。

　裁判例では、性交渉がないことと、また夫が妻に対して性的関心を示さないことによって妻が相当の不安を感じ、それを夫に伝え、夫もこれを察していたのに特段態度も変えず、また性交渉以外の方法によって夫婦間の精神的結合を深める手段も取らなかったとして請求を認めました。

5　裁判例の検討

　このように裁判例を概観すると、以下のとおり整理できます。

　①まず、裁判所は一貫して、性交渉を**夫婦生活の基本として重要視**しているといえるでしょう。この点は前掲最判昭和62.9.2判タ642号73頁においても、傍論ながら「婚姻の本質は、両性が永続的な精神的及び肉体的結合を目的として真摯な意思をもつて共同生活を営むことにある」としていることからも読み取れます。

　②次に、実際の判断にあたっては、単に性交渉がないことのみで離婚を認めているとはいえません。他の事情も合わせて検討した結果、原告が婚姻を継続する気が全くなくなっている、つまり昭和62年最判の**「夫婦が婚姻の目的である共同生活を達成しえなくなり、その回復の見込みがなくなつた場合」**に離婚を認めていると考えられます。

③ここでいう「他の事情」としては、ひとつは性交渉をしない側に、それをしないことによる相手方の不安を解消しないことや、また、それとは別の相手方の信頼を失わせる態度などが挙げられます。

前掲裁判例③⑦⑧ではこれが顕著ですし、不法行為の事案ですが⑤⑥⑨でもこの事情が重視されています。逆に①で離婚を認めなかったのは、離婚を求められた妻側に特に信頼を失わせる態度などが認められなかったから、という理由が推認されます。

しかし、そのような「他の信頼を失わせるような行動」だけをメルクマールとすると、前掲昭和37年最判や②は説明できません。性交渉がないことも含め、(たとえそれが性交渉をしない配偶者の責任でないとしても)そのような負担を配偶者に負わせることが不当である場合にも、離婚は認められていると考えられます。

6　まとめ

性交渉を行うかどうかはいうまでもなく個人の自由であり、たとえ夫婦であっても、性交渉を強制されるべきではありません。

しかし、そのことと、配偶者が性交渉に応じないということを、婚姻を終了させ、貞操義務から解放すべき事由と考えるかどうかは別の問題です。

少なくとも前掲最判を始め、社会通念としては「夫婦の性生活が婚姻の基本となるべき重要事項」であることは認めています。また、性交渉を通じた愛情の交歓の重要性を否定する方は少ないと思います。

それを前提にすると、離婚事件でセックスレスが主張されているとき、それを軽んじることには違和感があります。

ただ、無闇にその重要性を強調すれば、本来自由であるべき性交渉が(婚姻を終了するという判断を通じて)間接的に強制されるという懸念も生じかねません。

前掲の裁判例はいずれも、そのようなバランス感覚の中で、セックスレスだけでなく、**他の事情も含めて、本当にこの夫婦の婚姻生活は破綻しており、回復できないのか、という視点**から難しい判断をして

いるともいえます。

　同種事案について概観した論考として⑦についての山野井勇作判事による解説（判タ852号127頁）がありますが、山野井判事は「婚姻における夫婦の関係は、世の中にある夫婦の数だけその有り方が異なり、まさにケース・バイ・ケースの姿勢で事案の解明に努める必要」があり「夫婦の関係を静態的なものと錯覚し、外見上目につき易い行動や状況を取り上げてこれを既存のパターンに無理にあてはめることは厳に謹むべきである」とされています。

　また、最新の論考として⑨についての瀬沼美貴判事の解説がありますが、そこでは「近年は夫婦や家族の在り方についても多様になってきており、『在るべき夫婦の姿』というものも一様ではない」とした上で「いずれも、（……）性交渉以外の夫婦間の生活実態、コミュニケーションの有り様、あるいは性交渉がないことの主たる原因を有する配偶者から他方配偶者に対する説明やフォローの有無とその夫婦関係への影響等を総合的に判断している様子が見られる」としています。

　相談にあたっては、個人の性、夫婦、家族の在り方の多様性を背景に、セックスレスという表層の事象だけでなく、**その裏にある夫婦の関係性、それまでの行動なども含めて詳細に分析する必要**があります。

こうすればよかった

　甲弁護士は、Ｘの相談を門前払いせず、なぜセックスレスに至ったのか、Ｘが普段どのように妻に接しているのかなども聴取して、その上で裁判例を踏まえて回答すべきでした。もしかしたら、Ｘからみれば円満な夫婦関係も、妻から見たらそうではないのかも知れません。

✷ これがゴールデンルールだ！

　「セックスレス」だけでは何も分からない。その裏にある複雑な夫婦の心情をできる限り把握せよ。

失敗事例 夫の酷さが伝わらなくて……

　甲弁護士は、Ｘ（女性）より離婚の依頼を受けており、本日が第１回調停期日です。Ｘら夫婦には３歳の長男がいますが、夫Ｙは育児にも家事にも全く関わらないため、親権も希望していない状況でした。

　Ｘは夫との早期の離婚を希望しており、慰謝料の請求は希望していませんでした。

　以下調停期日でＹのモラハラを伝える際のやり取りです。

調停委員Ａ「夫であるＹさんのモラハラというのは具体的にどんなことをされたのですか」

Ｘ「整理整頓ができないと言われるんです。出したものをすぐに元に戻さないと怒られるとか。郵便物や荷物をつい、机の上に置いてしまうと、『どうして置きっぱなしにするんだ』と怒鳴り出して……」

調停委員Ｂ「あなた、専業主婦だったんですよね。ご主人は仕事をしている。もう少し家事を頑張ることはできなかったのですか」

調停委員Ａ「ものを出しっぱなしにしていたり、置きっぱなしにしてしまっていたのなら、ご主人が怒るのもしかたないですよ？」

Ｘ「……」

　調停が終わった後、Ｘは「どうして何も知らない他人に責められなければいけないのか。甲弁護士は、なぜ何も言ってくれなかったのか」と言って泣き出してしまいました。

　甲弁護士としてはどうすべきだったのでしょうか。

1 失敗の原因

　モラルハラスメント（いわゆる「モラハラ」）とは、一般的に、モラル（道徳）による精神的な暴力や嫌がらせをいいます。

　モラルハラスメントの特徴としては、身体的な暴力を伴わない点にあります。そのため、証拠化することは難しく、**後日言った言わないの争い**になることは少なくありません。

　また、同じ発言を行ったとしても、その発言がどのような場面で行われたか（2人だけの場面で行われたのか、親戚や友人の前で行われたのか等）によっても意味合いは違いますし、調停委員の世代や価値観によっても、感じ方が異なってきます。

　そもそも、モラルハラスメントを行う人は、外面が良い人が多い傾向があるため、**調停委員が配偶者の外面に流されてしまう**ことがよくあります。そのため、本問のように、伝え方や説明が不十分であったために、調停委員に全く理解されないという場面も少なくありません。

　そこで、モラルハラスメントの主張、立証を行うためには工夫が必要となります。

2 離婚原因

　モラルハラスメントは独立した離婚原因ではありません（民770条1項）。そこで、配偶者のモラルハラスメントを理由として離婚を争う場合には、配偶者の言動等が「その他婚姻を継続し難い重大な事由」（民770条1項5号）に該当するかどうかが問題となります（離婚原因に関しては、**第2章7**を参照）。モラルハラスメントは、幅のある概念ですので、モラルハラスメント行為のすべてが「婚姻を継続し難い重大な事由」に該当するわけではありませんし、配偶者のモラハラ行為のみを離婚原因として、裁判所に離婚を認めさせるのはなかなか難しいです。しかしながら、依頼者は「モラルハラスメント行為が認められれば離婚が認められる」と考えているケースも少なくありません。

そもそも、自分が受けたモラルハラスメントの内容をうまく整理し、説明することはとても難しいです。

　そこで、①いつ、②どこで（どのような場面で）、③どのようなことを言われたのか、又はされたか、④その言動で依頼者がどのように感じたのかを聴取し、事実関係を整理した上で、配偶者の言動が「その他婚姻を継続し難い重大な事由」にあたることを主張・立証する必要があります。

　調停委員の中には、モラルハラスメントに対する理解が不十分である人も散見されますので、配偶者の言動によって、**依頼者がどのように傷ついたのか、どうして配偶者の言動により婚姻関係が修復不可能にまで至ったのか**についてはできるだけ丁寧に調停委員に伝えるべきです。

3　証拠の収集

①　録音データ

　配偶者の言動の録音データがあれば、それは有力な証拠となります。現在では、携帯電話で簡単に会話の内容を録音できますので、依頼者が配偶者との**会話の内容を録音している可能性**があります。

　また、留守番電話に残された録音メッセージに怒声が残っているというケースもありますので、あきらめずに探してみてください。

②　メールや LINE の記録

　メールや LINE といった SNS でのやり取りの中にモラルハラスメントの証拠となるようなやり取りが残っていることがあります。

　また、現在では LINE の通話機能を利用してやり取りをすることも増えてきましたので、相手が電話に出るまで**電話をかけ続けた記録**が履歴の中に残っていることがあります。

　「電話に出ろ」、「ふざけるな」という内容のスタンプを大量に送り付けてくる例もありますので、携帯画面をスクリーンショットする、写真に撮るなどして証拠化することができます。

　ただし、依頼者も配偶者をののしるような内容の返信をしている

と、ただの喧嘩との印象を抱かれることもあります。代理人として
は、前後の会話の内容を確認して、当該やり取りを提出するべきか、
慎重に判断をする必要があります。

③　日記やSNSの投稿

　いつどのような内容のモラルハラスメントを受けたのかを具体的
に記載した日記や、FacebookなどのSNSへの投稿が証拠になるこ
とがあります。もっとも、SNSの投稿に関しては、反対に名誉棄
損といわれてしまうことがありますので、取り扱いには注意が必要
です。

　友人や家族への愚痴や相談のメールが証拠となることもあります。

④　医師の診断書

　モラルハラスメントを受けるとストレスにより、イライラ、倦怠
感、無気力、不眠、食欲不振などの症状が出ることがあります。そ
して、その症状が悪化していくと、抑うつ状態、適応障害、うつ病
といった状態になることもあります。

　そういった場合には、医師の診断書を取得することができます。

　医師の診断書によって、モラハラ行為を立証することは難しいで
すが、裁判所や相手方に対し、依頼者の心身がもはや復縁が難しい
状態にあることを説得する上で有用です。

4　交渉を進めるにあたっての考え方

　モラルハラスメントを行う当事者は、自分の行為が、配偶者を傷つ
けている事実を認識していないことがあります。また、仮に、配偶者
を傷つけるような言動を行っている自覚があったとしても、自分の行
為を重大視していないこともあります。そのため、**自らの言動によっ
て配偶者が深く傷つき、もはや関係を修復することが困難であること
を理解すれば**、離婚に応じてもらえるケースは少なくありません。

　中には、共感性が薄く「この発言をしたら相手がどのように感じる
のか」を想像することが苦手な人もいます。

　また、モラルハラスメントを行う人は、プライドが高い人が多い傾

向があります。従って、相手を責めるようなやり方をしてしまうと、かえって紛争が激化してしまうこともあります。

他方、**相手の外面の良さをうまく利用できれば**、早期解決が可能になります。

そのため、依頼者からの聴取内容や、調停手続でのやりとりから、相手方の性格や考え方の傾向をつかむことが、早期解決への近道となります。相手の性格や考え方の傾向については、**依頼者がよく理解していることがあるので**、依頼者に確認をとることもおすすめです。

5　参考例

本件では、甲弁護士はこのような対応をすることができました。

調停委員A「夫のモラハラというのは具体的にどんなことをされたのですか」

Ｘ「整理整頓ができないと言われるんです。出したものをすぐに元に戻さないと怒られるとか……。郵便物や荷物をつい、机の上に置いてしまうと、『どうして置きっぱなしにするんだ』と怒鳴り出して……」

甲弁護士「私から補足させていただきます。Ｘさんは決して片付けができない方ではないんです。Ｘさんの息子さんは活発で、よくいたずらをするので、その対応に追われて、片付けが後回しになってしまっているだけなんです。

荷物や郵便物を机に置いたままだったのも、長男を連れて自宅に帰ってきた後、長男に手を洗わせるために洗面所に行ったんです。そうしたら、長男が洗面所で水遊びを始めて、洗面所中に水をまき散らしてしまったんです。Ｘさんが水びたしの長男の着替えをさせているところに、夫のＹさんが帰宅してきたんです。Ｙさんは、水浸しの洗面所も、長男の様子も見ているのに、荷物や郵便物が机の上に置いてあることに激怒して、怒鳴り出して、長男の着替えや洗面所の掃除よりも先に、荷物の片付けと自分の食事の準備をするように言い出したのです」

調停委員B「それはひどいですね」

甲弁護士「Ｘさんも家事が十分行き届いていないことは分かっています。しかし長男はまだ幼く目が離せない状況であり、Ｘさん１人で家事と育児を完璧にこなすのは無理です。それにも関わらず、Ｙさんは、育児にも家事にも一切協力しないで、一方的に『普通の主婦ができていることがなぜできない』、『お前は主婦失格だ』などと言ってＸさんを責め立てるのです。Ｘさんはこのような生活が耐え切れなくなり、離婚を決意したのです」

こうすればよかった

　第１回調停期日の前に、夫の言動や、その言動がどのようなシチュエーションで行われたのか、その言動によって依頼者はどのように傷ついたのかをきちんと整理しておくことが望ましいでしょう。

　事前に準備書面や陳述書の形で裁判所に主張内容を提出できればなお良いです。

⚡ これがゴールデンルールだ！

調停手続であっても、事前の準備は怠るな。

⑩ 何事にも例外はある

〈有責配偶者からの離婚請求〉 • • • • • • • • • • • • • • ▶

失敗事例 個別事情の聴取を怠るべからず

XとYは、8年前に結婚をしましたが、結婚してから1年たったころから夫Yとのセックスレスに悩むようになりました。Xはその頃から、SNSを通じてAと知り合い、6年前から交際するようになりました。

Xは、5年前Aとの間の子どもを妊娠したことをきっかけにYと別居をしましたが、子どもは流産したため、現在はAと2人で暮らしています。Xは、別居後5年を経過したことから、そろそろYと離婚ができないかと考え、弁護士会の法律相談に来ました。この日の相談担当は甲弁護士でした。

別居した当時、XとYは話し合いをしたそうですが、YはXの不倫に激怒をしており、「離婚には絶対に応じないし、XとAに対して慰謝料を請求したい」と言っていたそうです。それ以降、XはYと連絡を取っていないため、現在Yがどのような考えを持っているかは分かりません。Xは、離婚に応じてもらえないのであれば、Yに対し婚姻費用の請求をしたいと考えているそうです。

甲弁護士は、Xの不貞の事実を知ると「Xは有責配偶者にあたるためXからの離婚請求は認められないので、離婚は無理である」と説明をし、詳しい事情の聴取をしませんでした。

Xは「有責配偶者側からの離婚請求が認められた事例もあるから離婚請求ができる場合があると書いてあった、きちんと話を聞いてもらいたい」と訴えましたが、甲弁護士は全く聞く耳を持ちませんでした。その結果、甲弁護士は弁護士会に苦情を申し入れられてしまいました。

解説

1 失敗の原因

　法律上の離婚原因（**第2章7を参照**）があったとしても、自ら離婚原因を作った有責配偶者からの離婚請求は原則認められません。

　しかしながら、すべての事案について、離婚請求が認められないわけではありません。甲弁護士としては、Xが有責配偶者にあたるとしても他の事情を考慮して、離婚が認められる余地がないかを検討すべきでした。

2 有責配偶者からの離婚請求

① 積極的破綻主義への転換

　従来、最高裁は、婚姻関係が破綻している場合であっても、有責配偶者からの離婚請求は許されないという立場を長らくとってきました。しかし、最判昭62.9.2は、従来の判例を変更して、有責配偶者からの離婚請求であっても次の①〜③の要件のもとでは**有責配偶者からの離婚請求も許される場合**がある旨判例を変更しました。

①　夫婦がその年齢及び同居期間と対比して相当の長期間別居していること

②　夫婦間に未成熟子がいないこと

③　相手方配偶者が離婚により精神的・社会的・経済的に極めて過酷な状況に置かれる等離婚を容認することが著しく社会正義に反するといえるような特段の事情がないこと

　そこで、有責配偶者からの離婚請求については、①〜③の事情を総合的に考慮して有責配偶者の離婚請求が**信義則に照らして許されるか否か**を判断する方法が多く取られています。

② 別居期間

　別居期間に関し最高裁は、有責配偶者からの離婚請求の拒否を判断する場合、「夫婦の別居が両当事者の年齢及び同居期間との対比において相当の長期間に及んだかどうかをも斟酌すべきものである

が、その趣旨は、別居後の時の経過とともに、当事者双方についての諸事情が変容し、これらのもつ社会的意味ないし社会的評価も変化することを免れないことから、右離婚請求が信義誠実の原則に照らして許されるものであるかどうかを判断するに当たっては、時の経過がこれらの諸事情に与える影響も考慮すべきである」として最判昭62.9.2を引用した上で、「別居期間が相当の長期間に及んだかどうかを判断するに当たっては、別居期間と両当事者の年齢及び同居期間とを数量的に対比するのみでは足りず、右の点をも考慮に入れるべきものであると解するのが相当である。」と判示しています（最判平2.11.8家月43巻3号72頁）。

　これ以降の判例の蓄積をみると、有責配偶者が離婚請求する場合には、**別居期間10年**が、離婚が認められる一応の目安になると考えることができます（通常は5年（**第2章7参照**））。しかしながら、別居期間が相当長きにわたっても離婚請求が信義則に反し認められなかった裁判例もありますので、注意が必要となります。

③　**未成熟子の存在**

　未成熟子とは、親から独立して生計を営むことができない子どもをいいますので、必ずしも未成年と同義の概念ではありません。

　今日の判例理論では、有責者からの離婚請求で、その夫婦の間に未成熟子がいたとしても、その一事をもって、有責配偶者の離婚請求が排斥されるわけではありません。

　最判平6.2.8判タ858号123頁は、有責配偶者からの離婚請求が信義誠実の原則に照らしてなお認容されるかどうかを判断するには、「有責配偶者の責任の態様・程度、相手方配偶者の精神的・社会的・経済的状態及び夫婦間の子、殊に未成熟子の監護・教育、福祉の状況、別居義に形成された生活関係、たとえば夫婦の一方又は双方が既に内縁関係を形成している場合にはその相手方や子らの状況等が斟酌されなければならず、更には、時の経過がこれらの諸事情に与える影響も考慮されなければならないものというべき」と判示しています。

④　苛酷状況

　被告の精神的・社会的苛酷状況を指摘した裁判例は少なく、ほとんどの裁判例が「**経済的**」苛酷情状の有無を問題としています。

　離婚後の生活を保障する離婚給付が予定されていることから、離婚後の経済的苛酷状況を否定する判例も存在します。

⑤　**参考判例**

　ⅰ　最判平2. 11. 8民集161号203頁

　有責配偶者である夫からされた離婚請求において、夫が別居後の妻子の生活費を負担し、離婚請求について誠意があると認められる財産関係の清算の提案をしているなど判示の事情のあるときは、約8年の別居期間であっても、他に格別の事情のない限り、両当事者の年齢及び同居期間との対比において別居期間が相当の長期間に及んだと解すべきとして離婚請求が認められた事例。

　ⅱ　東京高判平9. 2. 20判時1602号95頁

　20年間妻以外の女性と同棲しながらも、上京の度に妻らの住居へ帰り、そこにおいては夫として父として遇されており夫婦共同生活は家庭的にも社会的にも従前同様に継続していて両者の夫婦関係は未だ形骸化していないと認められること、夫が社会的活動に専念できたのは、夫の裏切りに耐え、夫の社会的立場に配慮し、夫に対する愛情を優先して対処してきた妻の貢献によることころが大きいというべきであり、夫は妻の寛大な対応に甘えてきたということができるのであるが夫が社会の第一線から身を引いた現在に至って、それなりに安定した関係となっている妻との関係を離婚によって清算しようとするのは身勝手な態度と評されてもやむを得ないもので、妻に対する信義則を著しく破るものとして、離婚請求が棄却された事案。

　ⅲ　最判平6. 2. 8民集171号417頁

　有責配偶者である夫からされた離婚請求であっても、別居が13年余に及び、夫婦間の未成熟の子どもは3歳の時から一貫して妻の監護の下で育てられて間もなく高校を卒業する年齢に達していること

と、夫が別居後も妻に送金をして子どもの養育に無関心ではなかったこと、夫の妻に対する離婚に伴う経済的給付も実現が期待できることなど判示の事実関係の下においては、右離婚請求は認容されるべきである、として離婚請求が認められた事例。

iv 最判平16.11.18民集215号657頁

夫婦の別居期間が、約2年4ヶ月であり、双方の年齢や約6年7ヶ月という同居期間との対比において相当の長期間に及んでいるとはいえないこと、夫婦間には7歳の未成熟の子どもが存在すること、妻が、子宮内膜症にり患しているため就職して収入を得ることが困難であり、離婚により精神的・経済的に苛酷な状況に置かれることが想定されることなど判示の事情の下では、上記離婚請求は、信義誠実の原則に反するものといわざるを得ず、これを認容できないと離婚請求が棄却された事例。

3　婚姻破綻後の不貞行為

仮に不貞を働いたとしても、婚姻関係が破綻した後その不貞行為が行われたのであれば、その行為は**婚姻関係を破綻させる原因とはいえない**ため、不貞を働いた当事者からの離婚請求も許されるとするのが判例の考え方です（最判昭46.5.21判時633号64頁）。ただし、ここにいう破綻とは、離婚原因としての破綻と同一の考え方をするので、相当期間の別居の存在を中心に判断をすることとなります。

また、有責配偶者の離婚請求であっても、判例上は、夫婦双方に落ち度がある事案で有責側でない当事者の責任が大きい場合や、夫婦の責任が同程度の場合には、離婚請求は認められる傾向にあります。

4　調停による話し合いによる解決

有責配偶者からの離婚請求が認められない場合でも、離婚調停での話し合いによって離婚を成立させることができる事案も少なくありません。この場合、**慰謝料の支払い**が条件となることが多いです。また、離婚後の生活を保障する意味での**離婚給付**や、**子どもの生活費、学費**

の負担等を求められることもあります。この場合、離婚が認められないリスクを踏まえた上で、どこまでなら給付が可能かを依頼者とよく話し合う必要があります。

相手方に離婚を同意してもらうためには、時間をかける必要がある場面も少なくありません。その場合には、焦らずに相手方の考えがまとまるのを待ちましょう。

5　有責配偶者からの婚姻費用の分担請求

有責配偶者からの婚姻費用分担請求は、権利者の生活費部分については**信義則違反ないし権利濫用**として認められず、子どもの生活費（養育費）部分に限って認められるのが、判例の一般的な傾向となります。

こうすればよかった

甲弁護士としては、安易に離婚請求が認められないと判断するのではなく、本件が婚姻関係破綻後の不貞行為といえないか（セックスレスによる婚姻関係破綻に関しては、**第2章8**参照）、有責配偶者であるとしても、Xからの離婚請求が認められる余地はないか、調停で交渉することによって離婚に応じてもらう余地がないか等を検討する必要があったと考えられます。

✺　これがゴールデンルールだ！

有責配偶者からの離婚請求であっても認められる場合がある。個別事情の検討を怠るべからず。

⑪ 不貞行為の争いは覚悟が必要

〈不貞行為〉••••••••••••••••••••••••••••••••▶

失敗事例 不倫の立証に失敗

　甲弁護士は、X（女性）から離婚事件の相談を受けました。

　Xは「夫（Y）が明らかに不倫しています！　離婚します！」と言うので事情を聞いてみると、「Yは会社経営者で、会社内の宿泊スペースに女性の秘書と度々泊まり込んでいる。興信所の調査レポートもある」とのことでした。レポートを見せてもらうと、Yと女性が夜中や早朝に会社のビルから出てくる写真が載っており「社内の宿泊スペースに泊まり込んでおり、不倫に及んでいる可能性が高い」とされていました。

　甲弁護士は、すぐに調停の申立てを行いましたが、Yは不貞行為の事実を完全に否定し、調停は不成立となりました。

　甲弁護士は、離婚訴訟を提起し、慰謝料等も請求しましたが、訴訟においても、Yは不貞行為の事実を否定し、会社の宿泊スペースに女性秘書と泊まり込んでいたという甲弁護士の主張に対して、「仕事が忙しくて泊まり込んでいた」などと反論しました。甲弁護士は、「自分なら秘書と泊まり込んで働くなんてありえない」と、Yの反論をまともに相手にしませんでした。

　その後、当事者尋問のほか、女性秘書の証人尋問も実施され、判決となりました。判決においては、離婚自体は認められたものの、不貞行為の存在は否定され、慰謝料請求は認められませんでした。甲弁護士は判決に不満でしたが、Xは訴訟を続けることに疲れたようで、控訴は断念することになりました。

　数年後、甲弁護士は、Yと女性秘書が結婚したらしいという噂を耳にしましたが、定かではありません……。

1 失敗の原因

　昨今の週刊誌やワイドショーにおいては、有名人の不倫スクープが盛んに報じられており、不倫（不貞行為）に対する社会の受け止めは非常に厳しいものになっています。個人的にはこの種の報道には辟易していますが、おそらく、異性関係の問題は誰もが経験したことがあり、それぞれが一家言を持っている問題だからこそこのような盛り上がりをみせるのでしょう。

　さて、甲弁護士は、興信所のレポート等から、Ｙの不貞行為を確信していたのでしょうが、残念ながら、判決において不貞行為の存在は認められませんでした。

　甲弁護士としては、自分の経験則等に照らし、「異性と泊まっていたのであれば、不貞行為があるに違いない」と考えたのかもしれませんが、そのような経験則は誰もが共有しているものでしょうか。異性と泊まっていたとしても、例えば「お酒が引いて冷静になったので朝まで何もせずに帰りました」「一緒に作業をしていただけで何もありませんでした」などと言い訳された場合、「**あり得ない**」と感じる人もいれば、「**そういうこともあるかもしれない**」と感じる人もいるでしょう。

　結局、甲弁護士の失敗は、ファーストインプレッションに引きずられ、Ｙの反論（言い訳）に対して、きちんと証拠をもって再反論することを怠ったことが原因だったと考えられます。

　以下では、不貞行為の意義を確認した上で、その立証方法についてみていきます。

2 「不貞行為」の意義

① 不貞行為とは

　配偶者の不貞行為は、離婚原因の１つとされていますが（民770条１項１号）、ここにいう「不貞行為」は、一般的には、「自由な意

思に基づいて配偶者以外の者と性交を行うこと」を指すと考えられています（最判昭48.11.15民集27巻10号1323頁。不貞の相手方の自由な意思に基づく必要はないので、夫が強姦した場合も不貞行為に該当することになります）。

　不貞行為が一時的なものか継続的なものかは基本的には問題となりません。不貞行為が一時的なもので婚姻の破綻にいたるものでない場合には、民法770条2項の適用の可否を検討することになります（もっとも、同項を適用して離婚請求を棄却した裁判例はほとんどありません）。

② 　二段構えの主張が基本

　「不貞行為」は一言で言えば「異性との性交」であり、これに至らない行為は不貞行為には該当しないことになりますが、性交は密室でされるものですから、本人らが認めていない限り、性交の事実そのものを立証するのは容易ではありません。

　もっとも、性交に至らない場合でも、度を越えた親密な交際は、「婚姻を継続し難い重大な事由」(民770条1項5号)に該当し得ます。

　したがって、性交について直接的な証拠がない場合には、離婚請求の主張としては、**ⅰ不貞行為（性交）が認められる、ⅱ仮に不貞行為（性交）が認められないとしても度を越えた親密な関係があり婚姻を継続し難い重大な事由が認められる、**という二段構えの主張を念頭に置く必要があるでしょう。ただし、最初からこのような二段構えの主張としたのでは、不貞行為の存在の立証に自信がないと受け止められるのではないかという見方もありますので、ⅱの主張をどこで展開するのがよいかはケース・バイ・ケースでしょう。

③ 　慰謝料請求との関係（第3章12参照）

　不貞行為の有無は、双方が離婚について同意している場合であっても、**不貞行為に基づく慰謝料請求の存否**、という形で争点となることがあります。立証のハードルが高いことは離婚原因としての「不貞行為」と同じですが、慰謝料請求は離婚の原因がどちらにあったかという形で問題となり、相手方から「（不貞があったとしても）

既に婚姻関係が破綻していた」等の主張がされることが多く、責任をめぐって一層熾烈な争いとなる印象があります。

3 不貞行為の立証について

① まずは客観証拠を吟味しよう

　次に、不貞行為の立証方法についてです。当事者が不貞行為を認めて争わない場合は特に問題とはなりませんが、当事者が不貞行為を争う場合はどうでしょうか。本人の供述しか証拠がない場合、いわゆる水掛け論で終わってしまうため、まずは客観証拠を収集することが重要です（実務上、調停では厳格な事実調査はなされないため、不貞行為の存否が争われるような事案では、調停が成立しないことも多く、訴訟を念頭に置く必要があります）。

　一般的に考えられる客観証拠としては、次のようなものがあります。

最低限確認すべきもの	
手紙、メール、LINE 等	不貞相手とのやりとりのわかるものがあれば、証拠として有用。メールや LINE はデータそのものでなくても、画面の写真撮影（スクリーンショット）等でもよい。
写真、録音、ビデオ等	ホテル等へ出入りする写真・ビデオがあれば有用。
クレジットカードの利用明細、領収書等	不貞の相手方と利用した飲食店やホテルの利用がわかるものがあれば有用。
事案によっては検討してもよいもの（弁護士会照会等）（※1）	
固定電話・携帯電話の契約者氏名・住所の調査	不貞相手の電話番号が判明しているが氏名や住所が明らかでない場合、各電話会社に対する弁護士会照会等を検討してもよい。
宿泊記録の調査	不貞相手と宿泊したホテル等が判明している場合、宿泊先に対する弁護士会照会等を検討してもよい。
出入国記録の調査	出入国年月日等を明らかにするため、入国管理局に対する弁護士会照会等を検討してもよい。

余裕があれば検討してもよいもの	
調査会社（興信所、探偵会社）の調査レポート	内容によっては強力な証拠となることもあるが、レポートの内容がずさんなこともあるので注意（筆者の経験では、写真に印字されている日付が全くのデタラメということがあった）。相応の費用がかかるので、調査を依頼するとしても、調査の方法・対象を絞り込んで合理的な費用に収めたい。（※2）

※1　交通系ＩＣカードやＥＴＣカードの利用履歴の照会も考えられますが、個人情報・プライバシーを理由に回答が拒否されることも多いので、事前に問い合わせるなどして見込みを確認しておきましょう。

※2　依頼者から調査会社の紹介を依頼されることもありますが、筆者の場合、調査方法や調査内容、費用に責任を持てないので、依頼者個人の判断でお願いすることにしています（どうしてもということであれば、東京都弁護士協同組合の特約店一覧くらいは渡してもいいかなと思っています）。

②　相手の言い分をつぶそう

　以上のような客観証拠を何も用意できない場合には、不貞行為が認められない可能性が高いことを念頭に交渉を行うことになるでしょう。一方で、客観証拠があればもう安心かというと、答えはノーです。一見決定的と思える証拠があっても、それに対して相手方が合理的な反証を行った結果、不貞行為の存在を認定することができない（高度の蓋然性が認められない）ということもありますから、証拠を突きつけて相手の言い分をつぶす（言い分が不合理であることを示す）ことが重要です。

　本件事例についていえば、Ｙは、会社の宿泊スペースに女性秘書と泊まり込んでいたという甲弁護士の主張に対して、「仕事が忙しくて泊まり込んでいた」と反論しています。甲弁護士としては、Ｙの会社の業務は当時宿泊での業務を強いられるほどまで忙しかったか、忙しかったとしてその業務は女性秘書の担当業務だったか、業務だとすればタイムカードや残業代の支払状況はどうなっていたか、他の従業員の認識はどうだったか、前後の行動や発言に不自然な点がないかなどといった観点から、**Ｙの言い分が不合理であることを示す必要**があったと考えられます。

こうすればよかった

　甲弁護士としては、自分の持つ印象（や経験則）に固執することなく、Ｙの反論について丁寧に検討し、反論が不合理であることを十分に主張・立証すべきでした。なお、ケース・バイ・ケースですが、調停等の手続を行う前に、当事者同士で不貞行為の有無について話し合ってもらうことも有効だったかもしれません（Ｙが不貞行為を認めてくれればベストですが、そうでなくても不合理な言い分を引き出すことで**後に反論材料にできた可能性**もあります）。

✸ これがゴールデンルールだ！

　不貞行為の立証は証拠が重要だが、相手の言い分に対する反論も気を抜くな。……不倫はやめておけ！！

第3章

離婚給付にまつわる失敗

⑫ 芸能人じゃないんだから

〈離婚慰謝料の相場感〉 ·············▶

失敗事例 相場を知らずに懲戒？

　甲弁護士は、Xから離婚事件を受任しました。

　Xと夫Yとの婚姻期間は約5年ほどで子どもはいません。Yは高所得者で、X自身も正社員として働いており、生活に不自由はしていないが、お互いの金銭感覚や価値観に違いがあり、口論が絶えず、家庭内別居に近い状況であったところ、感染症の流行により在宅勤務が多くなり、毎日顔を合わせるのが苦痛なので離婚したいとのことでした。

　Xとしては、Yにより自分の人生を台無しにされたという思いが強く、「慰謝料として最低でも2000万円は欲しい」とのことでした。甲弁護士は、Yが高所得者であり債権回収に遺漏はないだろうと考え、慰謝料額を2000万円とする離婚訴訟を提起し、判決が言い渡されましたが、慰謝料の認容額は50万円に過ぎませんでした。

　甲弁護士は、Xから力不足と詰められ、挙げ句には、Yから不当に高額な慰謝料を請求したとして懲戒請求が申し立てられてしまいました。「依頼者の意向を最大限尊重したのに……」と涙ぐむ甲弁護士でした。

解説

1　失敗の原因

　今や歴史年表的な話となってしまいましたが、かつて著名な音楽プロデューサーが離婚慰謝料として数億円を支払ったという報道がありました。そんなこともあって、最近はインターネットである程度の情報が得られるので少なくなりましたが、離婚慰謝料として、数千万円

レベルの金額をもらえると錯覚している依頼者もいまだ見かけることがあります。

まさに、「芸能人じゃないんだから」とツッコみたくなります。錯覚に陥る要因として、まず財産分与と慰謝料の区別が付いていないということが1つ。もう1つには、訴外での合意による金額と判決等に至った場合の金額との違いが分かっていないことにあると思います。

端的にいって、**離婚慰謝料の相場は世間一般の感覚よりかなり低額**です。甲弁護士の失敗は、回収可能性にとらわれてしまい、その相場感を知らなかったこと、それ故に依頼者に対してきちんとした説明や説得ができなかったことです。

いうまでもなく離婚事件は当事者間の感情的対立が激しく、不首尾に終わると依頼者の不満が弁護士に向けられがちな上に、相手方に逆恨みされると懲戒請求等がなされる可能性もありますので要注意です。

それでは、離婚に関連する金銭給付の概要から見ていきましょう。

2 離婚に関連する金銭給付

① 緒言

離婚そのものではなく、離婚に関連して、つまり離婚事件の処理上検討を要する金銭給付をまとめてみたのが次の表です。離婚を発生原因とする金銭給付ではありませんので、その点にご注意ください。

■離婚に関連する金銭給付

離婚に関連する金銭給付	A：別居に伴う精算	婚姻費用
	B：離婚に伴う精算	財産分与
		年金分割
		養育費
	C：損害賠償請求	離婚自体慰謝料
		離婚原因慰謝料

A……家事事件手続法別表二事件
B……家事事件手続法別表二事件：人事訴訟法32条（付帯処分）
C……通常民事訴訟事件：人事訴訟法17条（関連請求の併合）

② 表のＡのグループ（婚姻費用）

　このグループは、離婚とは直接関係なく、**夫婦間の同居・扶助義務を基礎として民法760条により発生**するものです。その意味では、離婚調停・審判や離婚訴訟とは別問題であり当該手続内で請求することはできませんが（人事訴訟法32条）、ややこしいことに離婚前の婚姻費用も財産分与の一内容として請求することもできます（最判昭53.11.14民集32巻8号1529頁）。

　婚姻費用の詳細については、**第2章13**をご参照ください。

③ 表のＢのグループ（財産分与、年金分割、養育費）

　このグループは、**離婚を原因として発生**する、いわゆる離婚給付です。その性質は、夫婦関係の解消に伴う財産関係の清算（財産分与につき民768条、年金分割につき厚生年金保険法第三章の2等）と子の監護費用の分担（民766条）です。

　財産分与の詳細については、**第2章14及び15**、

　年金分割の詳細については、**第2章16**、

　養育費の詳細については、**第2章17から20**、

　をそれぞれ参照してください。

④ 表のＣのグループ（損害賠償請求）

　このグループが、**離婚慰謝料**となります。その法的性質につき、学説は色々ありますが、裁判実務では、不法行為に基づく損害賠償請求権と考えて差し支えありません（最判昭31.2.21民集10巻2号124頁）。

　離婚慰謝料も理論上は、表のとおり、離婚自体慰謝料（離婚により配偶者の地位を失うことの精神的苦痛）と離婚原因慰謝料（離婚の原因である不貞等の有責行為による精神的苦痛）に分けられますが、裁判実務上は特に区別せず、単に離婚慰謝料として捉えています。

　私見ですが、離婚自体慰謝料は、夫婦双方に発生するものでイーブンですが、離婚の原因を作ったほうにその責任があると考えると離婚自体慰謝料と離婚原因慰謝料は区別の実益がなく一体のものと

捉えることができるのだろうなと思います。

⑤　各グループの手続の違い

　離婚慰謝料（Ｃ）は、**不法行為責任**です。ですので、通常民事訴訟（（ワ）号又は（ハ）号事件）で争うことができますが、家事事件手続法別表二事件（以下「別表二事件」という）ではないので、一般家事調停事件（家手法244条）としての調停はともかく、審判はできません。離婚訴訟事件とは、関連請求として併合できます。

　一方で、表のＡ及びＢのグループは、別表二事件となりますので、基本的には家事審判でしか白黒を付けることができませんが、離婚訴訟を提起する場合は**付帯処分として請求が可能**となります。ここに両グループの一番大きな相違点があります。

　具体的にいうと、協議離婚成立後に離婚慰謝料と財産分与を求めたい場合、まず調停から入り不調となりますと、財産分与については審判に移行し結論が出ますが、慰謝料については、不調で終わってしまいますので、新たに離婚慰謝料請求訴訟を提起しなければならなくなります。

3　離婚慰謝料の法的性質と算定要素等

①　法的性質

　くどくて恐縮ですが、離婚慰謝料の法的性質は不法行為に基づく損害賠償請求権と捉えて差し支えないです。従って、不法行為の要件事実である、違法性、故意・過失、因果関係及び損害が整っていることが必要です。

　ですので、例えば、婚姻関係が実質的に破綻した後に不貞行為があったとしても、不貞行為を有責行為（故意・過失のある違法行為）とする慰謝料請求は、離婚との関係で因果関係がなく、認められないこととなります。あるいは離婚原因が性格の不一致の場合、離婚は認められるでしょうが、双方に有責性がないとして離婚慰謝料は認められないことになります。

　つまり、離婚自体から慰謝料が当然に発生するわけではなく、**離**

婚という結果発生について、相手方配偶者に有責行為があるかどうかが１つのポイントになります。

典型例としては、不貞行為、DV、家出、婚姻生活への不協力（生活費を入れない、家事をしない等）等でしょう。

② 離婚慰謝料と財産分与

財産分与と離婚慰謝料は、法的性質を異にする別個の概念ですので、それぞれ請求できますし、区別して請求すべきでしょう。

ただ、ここでもややこしいことに、財産分与は「一切の事情」を考慮して金額が算定されますので、離婚に至った有責行為すなわち、離婚慰謝料も含めて判断することができます。

実務では、上述のとおり明確に分けて請求するのが大半だと思いますが、仮に漫然と財産分与を請求する調停を提起し、審判に移行した場合、既述のとおり、離婚慰謝料は審判事項ではありませんので、純粋な財産分与部分と離婚慰謝料部分を分け、離婚慰謝料部分は別途訴訟等を提起する必要が出てきます。

③ 算定要素

離婚慰謝料は、個々の有責行為と離婚せざるを得なかったことに対する精神的苦痛の金銭評価にほかなりませんから、その**評価の基礎となる具体的事由が算定要素**となります。

以下は、私見です。

まず重視されるのが、婚姻期間（同居期間）と有責行為の程度になると思います。当然、婚姻期間が長いほど、有責行為の程度が酷いほど（複数の相手と長期間に亘り不貞関係を続けている等）金額はアップする方向に働きます。

次いで、子どもの関係（人数、成年・未成年の別・監護権者の帰属）、当事者の属性（年齢、社会的地位等）及び精神的苦痛の程度（心身の健康を害した等、外形的に分かる事象）が重視されます。

補足的に離婚後の生活状況（収入、財産分与の額、養育費の額等）が参酌されることになるかと思います。

④　立証

　離婚慰謝料額の立証方法ですが、内心の問題である精神的苦痛を客観的に立証するのは不可能でしょう。「苦しい・辛い」と法廷で供述しても「だから？」で終わってしまい、説得力に欠けます。

　やはり目に見える形で精神的苦痛の程度を示す必要があります。内心の外的発露という観点から見れば、**被害者が心身の健康を害したことは１つの立証方法になります。**よくあるのがPTSDや抑うつ状態の診断書です。

　他には経験則（殴られると痛いし悲しい）の観点から、有責行為の具体的態様として、暴言・暴行の録音・録画や第三者の証言、不貞行為についての調査報告書等で立証していくことが考えられます。

4　離婚慰謝料の相場感

① 統計から見た相場感

　東京家庭裁判所には、平成16年4月1日から平成22年3月31日までに既済となった離婚等事件について、認容された損害賠償額毎の統計資料があります。これをグラフにしたものが、次の図です。

■損害賠償認容額毎のグラフ

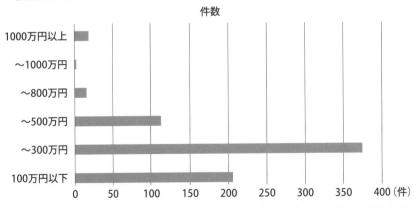

（出典:『東京家庭裁判所における人事訴訟の審理の実情　第3版』（判例タイムズ社、2012年）87頁）

損害賠償額の統計ですが、離婚事件の損害賠償≒慰謝料と考えて
よいと思います。また、この期間から現在まで消費者物価指数にほ
とんど変動はありません。

　この統計からは、離婚原因や婚姻期間は分かりませんが、それら
をひっくるめて見ても、この図からお分かりのとおり、**300万円以
下が約8割を占め、500万円以下のレンジに95%が含まれます。**

　なお、1000万円以上のケースもありますが、「慰謝料以外の損害
であり、慰謝料として1000万円を超えるものは、ないと思われる（前
掲書86頁）」とのことです。

　ざっくりした相場感として、主に200万円から300万円で、離婚原
因や婚姻期間により上下するが、500万円を超えるのはかなりレア
ケースといえます。

② **私見による相場感**

　以下は、当職の経験に基づく全くの私見です。

　離婚慰謝料の相場としては、**150万円から250万円がほぼ相場値に**
なるかと思います。

　婚姻期間が長かったり有責行為の態様がより悪質であればこれに
100万円から200万円がプラスされ、逆に婚姻期間が短かったり、有
責行為が強度なものでない場合あるいは被害者側にも落ち度が認め
られるような場合は100万円から200万円がマイナスされることにな
るかと思います。

こうすればよかった

　離婚慰謝料相場をきちんと把握しておくことです。1000万円を超え
る離婚慰謝料が認容されることはほぼないと考えられますから、依頼
者が2000万円と言った瞬間に、まず無理であることを伝えた上で、離
婚以外の不法行為責任が認められるかどうかを聴き取るようすべきで
した。説得の仕方としては、「芸能人の誤謬」に陥っているような場
合は、冒頭述べたようなことを説明し、その呪縛を解くことです。数
字を示すこと（前掲書や87頁の図）も有効です。それでも納得しない

「私の青春を、人生を返して」というタイプの方には、「自己責任でしょう」とは言わず、「でも、奥さん・旦那さんにそんなお金ありますか？給料は基本的に4分の1しか差押さえられないから、回収まで何年かかりますか？」と難しさを伝えると理解してもらえるかもしれません。失敗事例のように相手方が高所得者の場合は使えませんが……。

✸ これがゴールデンルールだ！

離婚慰謝料の相場をきちんと把握し、過剰な請求とならないように依頼者を説得すること。

⑬ 離婚届はいつ出す？

〈婚姻費用〉••▶

失敗事例 婚姻費用を受けとれない!?

　甲弁護士は、離婚を検討しているＸ（女性）の相談を受けることとなり、面談しました。Ｘは、「Ｙ（夫）との間には子どもはおらず、特に浮気や借金、暴力があるといったことはないのですが、些細なけんかが絶えず、価値観が合わないと感じ、離婚したいと考えるようになりました。Ｙも同じように感じていたようで、つい先日、Ｙから『離婚してほしい』と言われました。離婚することについては私も争うつもりはないのですが、財産分与等の諸条件について話し合ったところ、すぐには折り合いがつかず、甲先生に相談することにしました」とのことでした。

　甲弁護士は、双方離婚することを前提に、財産分与等について交渉しつつ、話し合いが難しければ調停申立てを検討する方針とし、まずは交渉事件を受任することにしました。

　翌日、Ｘから電話があり、「Ｙに甲先生を通じて話し合いをすることにした旨を伝えました。Ｙからは、『話し合いには誠意を持って対応するが、離婚することについて争いがないから、離婚届を先に提出しよう』と言われました。私も離婚したいと思っていましたので、先に出してもいいですよね」と尋ねられました。甲弁護士は、「離婚届を提出した後で条件について話し合うこともできますから、Ｘさんにお任せします」と回答しました。

　数日後、Ｘから電話があり「別居することにしたので婚姻費用を請求したい」と相談されたが、既に離婚届を提出済みであり婚姻費用の請求は断念せざるを得ませんでした。Ｘは「そうとわかっていれば離婚届は提出しなかったのに……」と不満そうでした。

解説

1 失敗の原因

　離婚事件の相談においては、離婚すること自体については争いがなく、財産分与や養育費などの条件についてのみ争いがあるというケースが少なくありません。この場合、離婚届をいつ提出するか（先に提出した上で条件面の交渉を行うか、交渉がまとまって合意が成立した後で提出するか）が問題となります。

　もちろん、離婚届提出のタイミングについて決まったルールがあるわけではありませんから、甲弁護士のように、当事者の意向に委ねる（任せる）というやり方も全くの間違いとまではいえないでしょう。

　しかし、先に離婚届を提出した場合、**Xは婚姻費用を請求できなくなりますし**、交渉の進め方への影響もあるため、安易に当事者の判断に委ねた結果、甲弁護士のように、依頼者（X）に不満を抱かせてしまうということがあるかもしれません。

　以下では、婚姻費用の算定に関する基本事項を確認した上で、離婚届をいつ提出するのがよいか検討していきます。

2 婚姻費用とは

　民法760条は、「夫婦は、その資産、収入その他一切の事情を考慮して、婚姻から生ずる費用を分担する。」と定めており、この「**婚姻から生ずる費用**」が婚姻費用（いわゆる「コンピ」）です。

　婚姻費用の分担は、夫婦間の扶助義務（民752条）に由来するものですから、いわゆる生活保持義務であり、自分の生活に余裕があるかどうかに関係なく、**相手の生活を自分と同程度に保障**しなければならないことになります。

　婚姻費用の内容は、婚姻生活を営む上で必要な一切の費用であり、衣食住の日常生活費のほか、子どもの監護に要する費用、教育費、出産費、医療費、保険料、葬祭費、交際費などが含まれます。

　このように、夫婦の一方（権利者）は、相手（義務者）に対して民

法760条に基づいて婚姻費用の分担を請求することができるわけですが、この請求権は抽象的なものにとどまります。その具体的な分担額は夫婦の協議で決める必要があり、協議が整わない場合には家庭裁判所に調停ないし審判を申し立てることになります。

3　婚姻費用分担の始期・終期

①　婚姻費用分担の始期

　　婚姻費用分担義務がいつから発生するかについては、要扶養状態発生時からとする見解、別居時からとする見解、請求時からとする見解などがあります。

　　実務上は、具体的な婚姻費用分担義務は合意（ないし審判）によって形成され、その始期については裁判所が合理的な裁量によって決することができるとの前提で、**請求時以降**とすることが多いようです（松本哲泓『改訂版　婚姻費用・養育費の算定』（新日本法規、2020年）13頁）。

　　したがって、婚姻費用が発生するような事案（別居事案）については、**速やかに婚姻費用分担の請求を行う**（事実上の請求で足ります）ことが望ましいでしょう（もちろん、早期円満解決のためにあえて請求しないということもあるでしょう）。

　　なお、「請求時から」が原則ではありますが、実際上は、別居時からなどとして合意が成立することもしばしばありますから、請求時以前の婚姻費用を求めていく交渉も有効だと思います（筆者個人の体感としては、「別居により一緒に生活しなくなったのでそれ以降の婚姻費用を支払うべき」という説明は、義務者側の理解も比較的得やすい印象があります）。

②　婚姻費用分担の終期

　　婚姻費用は、婚姻生活を営むために要する費用ですから、婚姻費用分担義務の終期は、**婚姻関係が解消されたとき**、すなわち離婚により婚姻が解消するか、別居が解消され同居して婚姻生活を営むようになったときということになります。

これをまとめると、次のようになります。

■婚姻費用分担義務の始期・終期

4　婚姻費用分担額の算定

①　分担額の算定方法

　婚姻費用分担額の具体的な算定方法について、家庭裁判所は**標準算定方式**（**第 3 章17**参照）を採用しており、

- ・　権利者・義務者の基礎収入を算出
- ・　按分のための指数を用いて、権利者側に割り振られる費用を算出
- ・　義務者の分担額を算出

という手順で算定することになります（詳細は、司法研修所編『養育費、婚姻費用の算定に関する実証的研究』（法曹会、2019年）参照）。

　この標準算定方式による分担額は、子どもの人数、年齢に応じて「養育費・婚姻費用算定表」の形でまとめられており（「平成30年度司法研究（養育費、婚姻費用の算定に関する実証的研究）の報告について」https://www.courts.go.jp/toukei_siryou/siryo/H30shihou_houkoku/index.html）、実際上は、権利者・義務者の基礎収入を確認し、この表に当てはめることで具体的な分担額を算定することが多いでしょう。

②　養育費の分担額との違い

　算定表の形式は、養育費についてのものと非常によく似ていますが、養育費は、離婚後に子どもが生活するために必要な費用を親に

負担させるものです（離婚前の子どもの生活費は、婚姻費用に含まれることになります）。

　婚姻費用は、一方の配偶者（権利者）と子どもの生活費等が含まれますが、養育費は子どもの生活費等に限られることになりますから、**婚姻費用の方が養育費よりも多い金額**となります（子どもがいなくても婚姻費用は発生しますが、養育費は発生しません）。

③　実務上の留意点

　婚姻費用は、双方の収入さえ明確になれば算定表に当てはめて大まかな水準を割り出せるのですが、依頼者（権利者）の期待とのギャップが大きいことが少なくありません（子どもなし、権利者給与年収100万円、義務者給与年収400万円で月額4～6万円）。

　権利者側は「別居後も今までどおりの生活ができるように費用を負担してもらえる」と期待する傾向が強い印象がありますが、これは誤りです。婚姻費用は、義務者が権利者らと同居していた場合に負担していた費用を、別居後も負担するというものです。別居後は住居費や食費等が夫婦それぞれ別個にかかってくることになりますが、**余計にかさむことになった住居費や食費等をまかなうことまで義務者に求めることはできません**。

　要するに、「別居すれば生活レベルは落ちる」のです。この点は依頼者によく理解してもらうようにしましょう（十分な理解のないままですと、依頼者が不満を抱えることもありますし、話し合いを進める上での障害にもなり得ます）。

5　離婚届はいつ提出するのがよいか（権利者側の立場から）

　婚姻費用の算定に関する基本事項を確認しましたが、最後に、離婚届をいつ提出するのがよいか見ていきましょう。

　離婚事件に関する定期的な給付としては、婚姻費用と養育費がありますが、既に述べたとおり、金額的には「婚姻費用＞養育費」です。そうすると、離婚届を提出してしまうと、**婚姻費用が受け取れない分金銭的に不利**ということになります。また、相手方が離婚を希望して

いる場合には、**離婚届自体が交渉カード**になります（財産分与や養育費等について有利な条件を引き出しやすくなります）。

したがって、離婚すること自体に争いがない場合でも、財産分与や養育費等の条件について**折り合いがつくまでは離婚届を出さない方が無難**でしょう。もっとも、相手方が離婚に消極的な場合や、明確な離婚原因が認められず、相手方の翻意の危険がある場合には、先に離婚届を提出した上で各種条件について話し合う方がよいこともありますから、ケース・バイ・ケースです。

いずれにしても、離婚届をいつ提出するかについては戦略的な検討を踏まえるべきです。

こうすればよかった

本件事例においては、ＸとＹは離婚することについて争いはありませんでしたが、離婚届を先に提出してしまうと、Ｘは婚姻費用を受けとれないことになり（子どもがいないので養育費も受けとれません）、Ｘに不満を抱かせる結果となってしまいました。また、離婚を希望していたＹの要望を先に叶えたことで交渉カードを１つ失うことにもなりましたので、今後財産分与等の条件交渉を有利に進めにくくなるという不利益もあったかもしれません。

もちろん、その他の事情（Ｙの翻意の危険など）を踏まえた上で離婚届を先に提出するのが合理的という場合もありますが、甲弁護士としては、離婚届提出のタイミングについて、戦略的な検討を行い、Ｘと十分に話し合った上で方針を決定すべきでした。

✦ これがゴールデンルールだ！

権利者側としては、離婚届の提出は最後にするのが無難！　いずれにしても戦略的な検討を！

14 財産分与はつらいよ

〈財産分与〉 ●●●●●●●●●●●●●●●●●●●●●●●●●●●●●●●●●●●● ▶

失敗事例 財産分与は50：50じゃないの？

　　Xと夫Yは、結婚前のYの貯金500万円とYの両親からの援助500万円の合計1000万円を頭金に、自宅マンションを5000万円で購入しました。なお、名義はY名義です。その後、15年ほど住宅ローンを返済してきましたが、夫婦は離婚することとなりました。現時点で住宅ローンは2000万円ほど残っています。当然、自宅マンションも財産分与の対象となりましたが、XとYとの間で意見が折り合いません。

　　Xの言い分は、「Yが仕事で生活費を稼いできたのは認めるが、自分も家事全般をこなしてきたのであり、自分が家事をやっていたからこそ、Yは仕事に専念することができたのだから、夫婦双方の貢献度は50対50である。そのため、自宅マンションも夫婦が築いてきた財産であり、名義はY名義ではあるものの、半分は自分も財産分与としてもらう権利がある」というものです。

　　Xから相談を受けた甲弁護士は、実務では、婚姻期間中に形成した財産は夫婦共同の財産であるとされていることから、「Xさんの言うとおり、自宅マンションは名義こそY名義となっていますが、婚姻期間中に形成した財産といえますから、夫婦共同の財産であり、Xさんも持分の半分をもらうことができますよ。あ、ただ、残りの住宅ローンも折半されますので、半額の1000万円はXさんが支払っていかなければなりませんよ」とのアドバイスをしました。

　　しかし、Y側から「自宅マンション購入時の頭金は夫の特有財産であるから財産分与の対象に含めるべきではない」と反論され、甲弁護士は、何も言えなくなってしまい、Xからの信用も失ってしまいました。

解説

1　失敗の原因

　甲弁護士は、裁判実務等では、離婚時に残っている財産は、積極財産、消極財産の区別なく、財産分与によって夫婦が半分ずつ取得するという安易な発想をしてしまいました。

　しかし、自宅マンション購入時の頭金は、夫の貯金500万円と夫の両親からの援助（贈与）500万円ですので、**それぞれ夫の特有財産であり、その金額部分は財産分与の対象に含めるべきではありませんで**した。

　また、不動産の場合は、その評価額も重要ですので、双方評価額の根拠となる資料を出し合って、納得のいく評価額を合意しておく必要があります。

　さらに、住宅ローンが残っている場合に、不動産をどう財産分与するかは難しい問題です。

　いずれにしても、不動産を半分に分けるといっても持分の範囲での話であり、物理的に半分に分けることはできません。

　夫婦として同居することができなくなった以上、どちらか一方がそのまま住み続ける意思があるかどうかを確認し、住み続けたいのであれば、他の財産で調整したり、消極財産たる住宅ローンを住み続ける当事者に寄せるなどをする必要があります。また、どちらも住み続ける意思がないのであれば、売却して持分に応じて現金で分与するということになります。

2　財産分与の法的性質

　夫婦が協議離婚をした場合に、夫婦の一方は他方に対して財産分与の請求をすることができるとされており（民768条1項）、当事者間で協議が整わない場合や協議ができない場合には家庭裁判所に対して協議に代わる処分を請求することができるとされています（同条2項）。

　この場合、いきなり財産分与の請求に係る訴訟を提起することはで

きず、まずは家庭裁判所に離婚調停を申し立て（離婚が成立している場合は財産分与請求調停（家手法別表二事件）を申し立てることになります）、その中で財産分与についても協議することになります（家手法257条「調停前置主義」）。

　調停が成立しないときには、裁判所は、審判によって決定することができますし（家手法272条4項）、当事者は、離婚訴訟を提起して、その中で財産分与の請求を求めることができます。

　ただし、調停や審判、裁判については、離婚したときから**2年以内**に請求しないともはや申立てをすることはできませんので（民768条2項）、注意が必要です。

　財産分与の法的性質については見解が分かれていますが、裁判実務においては、「**実質的な夫婦財産の清算**」及び「**離婚後の扶養**」と理解されています（東京家審昭46.1.21家裁月報23巻11・12号77頁、福岡家小倉支審昭46.8.25家裁月報25巻1号48頁）。

　離婚によって夫婦関係は解消され、婚姻費用の分担義務（民760条）も消滅するため、本来であれば離婚した相手方配偶者に対して離婚後の扶養を考慮する必要性はないといえます。

　しかし、離婚後に一方の配偶者が自活できない原因の多くは、婚姻中の夫婦間の経済的格差・不平等の結果にあるため、経済的余裕のある配偶者が相手方の離婚後の生活保障や生計の維持を図ることが必要とされることから、扶養的財産分与によって調整されることになります。

3　財産分与の内容

　離婚調停や離婚訴訟において財産分与の内容を定める際に、家庭裁判所は、夫婦の当事者双方がその協力によって得た財産の額その他一切の事情を考慮して定めることとされています（民768条3項）。

　そして、離婚にあたって当事者間で財産分与を協議する際にも、これらの要素を考慮してその内容を決めていくことになります。

　財産分与の対象となるのは、**婚姻後に夫婦の協力によって得た財産**

であり、不動産や動産、預貯金、証券、債券、夫婦が共同で事業を営んでいた際の営業財産などすべての財産が対象となります。

　もっとも、夫婦の一方が婚姻前から有していた財産や自分の親から贈与を受けたり、相続した財産などは、特有財産（民762条1項）として清算の対象とはなりません。

　また、婚姻中に取得した財産であっても、夫婦の一方の仕事用の財産や、衣服・アクセサリー等の明らかに一方の専用品とされているものも財産分与の対象とはなりません。

　また、財産分与の対象となる財産の基準時の問題があります。離婚時まで同居していたのであれば離婚時に存在していた財産ということになりますが、**途中で別居した場合には、別居時に存在した財産が対象**となります。基本的に別居中に新たに得た財産は夫婦の協力によって得た財産とはいえないからです。

■財産分与の対象とならない財産

①	夫婦の一方が婚姻前から有していた財産
②	婚姻中に贈与や相続によって、他方の配偶者とは無関係に取得した財産
③	婚姻後に取得した財産のうち、明らかに一方の専用品とされている財産

4　住宅ローンが残っている不動産を財産分与する際の問題点

　住宅ローンが残っている不動産を財産分与する際の問題点について、次頁のフローチャートを基にご説明いたします。

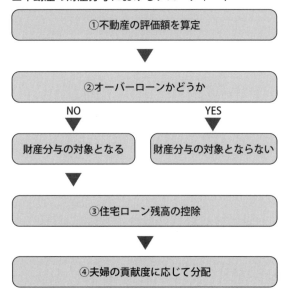

■不動産の財産分与におけるフローチャート

①不動産の評価額を算定

▼

②オーバーローンかどうか

NO　　　　　　　　YES

▼　　　　　　　　▼

財産分与の対象となる　　財産分与の対象とならない

▼

③住宅ローン残高の控除

▼

④夫婦の貢献度に応じて分配

①　不動産の評価額を算定

　現預金とは異なり、不動産の場合は評価額の問題があります。

　財産分与における不動産の評価額は、一般に**時価**（市場における取引価格）とされています。評価額を算定するには不動産鑑定士に鑑定してもらうのが最も確実ですが、通常不動産鑑定費用は高くなりがちですので、簡易的に不動産業者に無料査定をしてもらい、その査定価格を評価額とすることも実務上よく行われております。

　ただし、不動産業者の査定方法はかなり幅のあるものですので、査定を依頼した側の希望（「高めにお願いします」あるいは「低めにお願いします」など）が色濃く反映されている場合がありますので注意が必要です。

　そのような場合には、自分でも不動産業者に無料査定を依頼して、双方の査定価格の中間値で落ち着くということも１つの方法です。

　なお、評価額の基準時は、**離婚時における時価**となります。

②　オーバーローンかどうか

　住宅ローンが残っている不動産を財産分与する際は、まず、住宅

ローンの残高が不動産の評価額よりも多い場合、いわゆるオーバーローン状態かどうかを確認する必要があります。オーバーローンの場合は、**当該不動産に経済的価値はなく、財産分与の対象とならない**からです。

③ **住宅ローン残高の控除**

次に、オーバーローンでない場合は、不動産の評価額から**住宅ローン残高を控除**します。

控除後の評価額が財産分与の対象となります。

④ **夫婦の貢献度に応じて分配**

最後に、夫婦の貢献度に応じて不動産を分配することになります。夫の収入から住宅ローンを支払い続け、妻が専業主婦であったという夫婦の場合でも、本来家事は夫婦が分担してやるべきものですし、妻が家事に従事してきたことにより夫が仕事に専念できたといえますので、貢献度の割合は**50対50**であるとされることが多いです。

これを本事例のケースにあてはめると、評価額を4000万円だと仮定した場合、住宅ローンの残高は2000万円であり、夫Yの特有財産が1000万円ですので、この分を控除した**1000万円の不動産**が財産分与の対象となります。そして、XとYの婚姻中の財産形成への貢献度が50対50だとすると、**Xは500万円の不動産の共有持分を取得**していることになります。

持分比率的には、Y3：X1となります。

ただ、この場合、別居後にYが住宅ローンを支払い続けていた分についてXは貢献していないといえますので、別居後にYが支払った分の住宅ローン分についてYの貢献度の増加を考慮するという考え方もあり得ます。

具体的な不動産の分与の仕方ですが、最も簡便なのが、自宅マンションを売却し、その売却代金から財産分与をする方法です。

不動産の名義人であるYが住み続けるのであれば、YはXに不動産以外の財産で500万円分を財産分与し、住宅ローンについても引き続き支払い続けるということになります。

他方、Ｘが住み続けたいのであれば、財産が不動産以外に多く存在していれば、自宅マンションはＹからＸ名義とする代わりに、他の財産のＹからＸへの分与額からＹの持分相当額を控除するなどの調整をする必要があります。

また、住宅ローンについては不動産の名義人となるＸが今後支払っていくことになると思いますが、住宅ローンがついている場合に、不動産の名義を変更したり、債務者を変更するには、金融機関の承諾が必要となりますので、ハードルは高いといえます。

いずれにしても、**離婚後に共有状態が続くことは好ましくないため**、なるべく共有状態は解消する必要があります。

こうすればよかった

甲弁護士は、単純に50対50で分けるということだけでなく、特有財産があるかどうかを確認すべきでした。

また、自宅マンションの評価額を割り出さない限り、財産分与もできませんので、不動産業者に依頼して査定書を作成してもらうなどして、早期に評価額を確認しておくべきでした。

さらに、今後も自宅に住み続けたいのか、それとも現預金で分与を受けたいのか相談者Ｘの希望を十分に確認した上で、住宅ローンが残っている自宅不動産を財産分与する場合の問題点をよく検討するべきでした。

本件では、実際に自宅マンションの財産分与をした際の持ち分比率は、Ｙ３：Ｘ１であるため、ＹからＸに対し、Ｘの持分に相当する金額を現預金等で財産分与してもらうのが現実的な解決方法ではないかと思われます。

これがゴールデンルールだ！

財産分与を決める際には、特有財産を忘れるべからず。

不動産の評価額を当事者間で合意しておく必要がある。

不動産を分ける際には、当事者の希望をよく確認し、後々遺恨が残らないようにすべし。

不動産の名義を変更したり、住宅ローンの債務者を変更するには金融機関の承諾が必要なので、当事者間で財産分与の合意をする際には金融機関の取扱いも確認しておく必要がある。

会社経営者の離婚には注意

〈財産分与〉 •••••••••••••••••••••••••••••▶

失敗事例 黒字経営が突如の赤字経営に

　甲弁護士は、Xから離婚事件を受任しました。

　Xは主に中古自動車販売・修理を目的とするA会社（X100％出資）を結婚後に経営しており、妻Yは専業主婦で、2人の間には子どもが1人います。Yは妻としても母親としても申し分ありませんでした。会社のことにも関心がないようで一切仕事に対して口を挟むこともありませんでした。ただ、XとYとでは金銭感覚や価値観に違いがあり、子どもの教育方針を巡っての口論をきっかけに不仲となり、家庭内別居状態が続いていました。

　甲弁護士は、Xから事情を聴いた上で、離婚原因がXのみにあるのではないこと、親権者はYとすることにXも納得していること、養育費もいまの収入なら算定表より若干割り増しした金額でも支払えること、自宅は会社名義なので財産分与の対象とならないことなどを確認し、離婚事件として受任することにしました。

　調停も順調に進んで成立が見えてきたところ、Yが「A会社は株式会社だから会社の株価を評価して財産分与の対象とする」よう求めてきました。A会社の資産を改めて査定したところ、純資産額が1億円を超えていることが判明しました。急遽争点となった財産分与ですが、A会社の株式も分与対象財産とせざるを得なくなり、Xの会社経営を守るために、Xは兄弟や取引先から借金をして解決することとしました。Xは甲弁護士を責めるようなことは一言も言うことなく、むしろ最後まで力を尽くしてくれた甲弁護士を労ってくれましたが、受任時の甘い見通しでXに多額の借金を背負わせてしまったことを悔やむ甲弁護士でした。

解説

1　失敗の原因

　離婚事件については、親権者、養育費あるいは慰謝料は当然に注意するものの、財産分与については、いずれか一方が資産家である場合は別として、標準的な生活をしている（た）場合にはあまり注意が行かないことがあります。しかし、本ケースのように小規模ながらも会社経営している場合には、**資産調査をすると意外に純資産額が多いこと**があります。甲弁護士も、Ａ会社は結婚後に経営したものですが、赤字経営ではないもののさほどの資産もないものと考えて受任時には気が回らなかったのかもしれません。しかし、小規模な会社でも事業継続している限りは相応の資産があり、特に工場経営であれば設備投資などもしていることがよくあります。また、地方の会社では、都市部の企業と比べて人件費も低く抑えていたり、地元の金融機関との付き合いなどから預金口座を複数開設しているなど、実際に資産評価をすると予想以上に高額になることがあります。

　甲弁護士は、地元の個人経営の会社であるという外観から勝手に資産価値はないだろうと考え（あるいは思い込んで）、財産分与までは配慮できずに失敗したのだと思われます。

　それでは、次に財産分与と小規模会社の資産評価について見て行きましょう。

2　財産分与

①　財産分与とは

　民法768条は、離婚した夫婦の財産分与について規定し、同条3項では、家庭裁判所は、当事者双方がその協力によって得た財産の額その他一切の事情を考慮して、分与させるべきかどうか並びに分与の額及び方法を定めるとしています。

　清算的財産分与は、夫婦が婚姻中に有していた実質上共同の財産を清算分配するものであり（最判昭46.7.23民集25巻5号805頁）、

まず、どのような財産を清算財産分与の対象財産とするかという清算**対象財産の範囲**が問題となり、この清算対象財産が確定した後に、**具体的な財産分与の算定**（清算対象財産の評価や清算割合の決定）及び分与方法が決定されます（島津一郎、阿部徹編『新版注釈民法（22）親族（2）離婚、有斐閣、2008年』209頁）。

② **対象財産**

　清算的財産分与の対象財産の範囲については、婚姻中に取得した財産は第三者から相続・贈与などにより無償取得した財産を除き、夫婦の協力により取得した夫婦共同財産として清算の対象となります。婚姻中の有償取得財産であれば**夫婦関係それ自体から夫婦の協力があると認められ**、個々の財産取得につき個別に夫婦の協力の有無を問題にする必要は必ずしもありません。したがって、偶然の利益取得（宝くじの当選金、競馬の賞金など）であっても、共同財産となります（島津一郎、阿部徹編『新版注釈民法（22）』210頁）。

③ **清算割合**

　清算的財産分与の清算割合は、実務上、衡平の原則に基づき、貢献度に応じた寄与割合を評価して算定する方法が相当と解されており、共有財産は、原則として、夫婦が協力して形成したものとして、特段の事情がない限り、相互に2分の1の権利を有するものとされ、**「2分の1ルール」**とも称されます。もっとも「2分の1ルール」は原則にとどまるものであり、各財産の取得について自己資金を一部支出したことや、投資の専門知識を有する当事者が、その才覚によって金融資産の取得・維持のための行動をとったこと等の事実が資料の裏付けをもって客観的に明確にされるようなことがあれば、2分の1ルールを修正することもあり得ますが、2分の1ルールを修正すべき特段の事情たり得る事実が窺われることは多くはないといわれています（東京家事事件研究会編『家事事件・人事訴訟事件の実務～家事事件手続法の趣旨を踏まえて～』（法曹会、2015年）113頁）。

④　一方の特別の努力や能力の評価

　　夫婦の一方の特別の努力や能力によって高額の資産が形成された場合であっても、夫婦双方の行為を総合的、相対的に評価の対象とする場合は、その努力や能力の発揮が他方配偶者の有形・無形の貢献なしになされたことが明らかであるような場合を除いては、直ちに寄与度の差に帰結するものではありません。

3　小規模閉鎖会社の株式評価

① 　株式の評価

　　東京証券取引所などの金融商品取引所に上場されている上場株式は、**市場価格**が株式の評価額となります。上場していない非上場株式は、市場価格が存在していませんので、株価を算定する必要があります。非上場株式の算定方法については、以下のような方法があります。なお、算定方法については国税庁のホームページに詳しく掲載されていますので、ご参照ください。

■非上場株式の算定方法

配当還元方式	将来期待される1株当りの予想配当金額を基に株価を算定する方法
収益方式	会社のキャッシュフローを基に株価の算定を行う方法
類似業種比準方式	類似業種の上場会社の市場価格等によって株価を算定する方法
純資産方式	会社の純資産を基にして株価の算定を行う方法

② 　判例

　　株式評価については次のような判例があります。

　　・最判平27．2.19民集69巻１号51頁

　「非上場会社の株価の算定については、簿価純資産法、時価純資産法、配当還元法、収益還元法、DCF法、類似会社比準法など様々な評価手法が存在しているのであって、どのような場合にどの評価手法を用いるべきかについて明確な判断基準が確立されているとい

うわけではない。」と判示しています。

　・東京地判平29.8.30判タ1464号106頁

　所得税基本通達59−6が定める条件の下に適用される評価通達178, 179に定められた評価方法によるのが合理的と判示しています。評価通達178, 179によれば、大会社については、類似業種比準方式、中会社については、類似業種比準方式と純資産方式とを組み合わせる併用方式、小会社については、純資産方式が相当と判示しています。

③　まとめ

　以上のように、非上場会社の株式評価については、最高裁も認めているように**明確な判断基準が確立されていません**ので、評価方法について双方で争いになった場合には、**公認会計士に評価**をしてもらう必要があります。調停あるいは訴訟係属中であれば、**検証**という方法によって評価をすることになります。

　株式の評価の基準時については、多くの判例において財産分与時（口頭弁論終結時、審理終結時）としていますが、別居時と裁判時の各時価の平均額を評価額とした判例もあります。また、当該株式を別居後裁判時までに売却している場合には、売却時を基準時としている例が多いようです。

こうすればよかった

　本ケースのように小規模ながらも会社経営している場合には、資産調査をすると意外と純資産額が多いことがあります。特に、地元に根差して頑張っている会社では、利益率などで上場企業よりも高いことがままあります。また、**依頼者が100％株式を保有している場合**は、配偶者が例え経営に全く関与していなくとも、この株式は財産分与の対象となることを必ず考慮する必要があります。

　甲弁護士としては、離婚原因、親権者の指定、あるいは養育費についても特段問題もなく、X経営の会社についてまで思いが至らなかったのかもしれません。しかし、依頼者が会社経営者であれば、保有す

る株式についても財産分与の対象となるのですから、会社の規模に関わらず、決算書で会社の資産を確認するべきでした。依頼者からは、零細会社であるとか、売上は微々たるもので、社員の給料も大企業とは比べものにもならないくらい低いと謙遜する説明があっても、地元で長年営業していれば相応の収益を稼ぎ出しているはずですから、**決算書を見せてもらって資産を確認する必要**があります。「3　小規模閉鎖会社の株式評価」（107頁）の表のうち「**純資産方式**」が最も簡単な算定方法で、貸借対照表（通称B／S）の「純資産」の部（下記図中の＊）を見ればすぐにわかります。

■貸借対照表

流動資産	流動負債
	固定負債
固定資産	純資産（＊）

　甲弁護士もXからA会社の決算書を見せてもらって、純資産の部を見れば、財産分与の対象となることとおおよその金額が算出できたと思われます。そうすれば、Xの手元資金から賄えない場合の対応策を予め講じることで、Xに多額の借金を背負わせることもなかったでしょう。余談ですが、相手方としては会社経営に全く関与していなかったのですから、「予想外の財産分与を受けた（財産をもらえた）」と幸運に思ったかもしれません。

✹ これがゴールデンルールだ！

見た目が小規模閉鎖会社であっても、決算書で会社資産を把握し、財産分与に備えること。

⑯ 退職金、保険、年金はどう分ける？

〈将来受給すべき財産の分与〉 ⋯⋯⋯⋯⋯ ▶

失敗事例 今の時点で分けなきゃいけないの？

甲弁護士は、Xから、妻であるYに対する離婚調停を受任しました。

Xは現在53歳で、大学卒業後一貫してある企業に勤めています。

甲弁護士はXから、「勤務先企業には退職金制度があり、また、厚生年金も納めていて、それとは別に貯蓄型の保険もかけているが、これらは財産分与しなくてはならないのか」と質問され、「いずれも数十年後の将来に受給すべきものであることから、財産分与の必要は全くない」と回答し、それらを入れない財産一覧表を家裁に提出しました。その結果、妻側からは財産隠しだと批判され、調停の進行が滞ってしまいました。

解説

1 失敗の原因

甲弁護士は、将来受給すべき財産でも、**夫婦の共有財産と認められれば、現時点で分割する必要がある**ことを知りませんでした。

将来受給する予定の退職金や年金は、夫婦が婚姻期間中に共同して形成したと認められる場合には、夫婦の共有財産として財産分与の対象となります。ただし、将来といっても幅があることから、その認定額や分割の仕方には色々な方法がとられています。

2 退職金

退職金（退職給付金）は、基本的には将来の退職時に受け取ることのできるお金であって、在職中には受け取ることができません。しか

し、夫婦が婚姻生活を送ることでお互いに協力した結果、その退職金の基礎となる勤務ができていると考えると、将来の退職金債権も、少なくともその一部は配偶者の寄与があると考えられます。

　しかし、実際には、数十年後に定年退職する場合などは、その時に退職金が支払われるかどうかは不安定ですから、退職金を財産分与対象財産とすることが不適当な場合もあります。

　また、勤続期間と婚姻期間がすべて重複していない場合には、その分に応じて割り戻す必要もあります。

　実務では、**数年後に退職し、その時点の退職給付金の額が判明している場合に限り**、財産分与の対象財産とし、その額については、数年後に給付される額を、ライプニッツ係数などを用いて現在の額に引き直して計算し、10年後、20年後の退職給付金については、財産分与の対象としないことが多いとされています（秋武憲一『離婚調停　新版』（日本加除出版、2013年）316頁）。

　例：現在勤続20年であり、5年後には1000万円の退職金が得られ
　　　る予定の場合で、婚姻期間は10年とします。
　計算：1000万円×約0.86（※5年相当のライプニッツ係数（2020
　　　　年4月1日現在民法404条2項））×（婚姻期間10年÷勤続
　　　　年数20年）＝430万円

　また、これとは別に、離婚時（または別居時）に退職したと仮定して退職給付金を財産分与の対象とする場合もあります。

　例：現在勤続20年であり、現時点で退職すると800万円の退職金
　　　が得られる場合で、婚姻期間は10年とします。
　計算：800万円×婚姻期間10年÷勤続年数20年＝400万円

　ただし、上記の計算はいずれも、以前は多かった終身雇用型の大企業で、退職金規程があり、勤務先の経営状況が良好で退職金支払いの

可能性が高いことが前提となっています。

　そもそも退職金規程がなければ退職金は貰えませんし、経営状況が悪ければ将来的に退職金が得られる可能性は低くなります。これに加えて依頼者の勤務期間や、退職までの期間などを検討すると、必ずしも退職金を割り戻して財産分与対象財産とすべきではない場合もありますので注意が必要です。ですから、勤務先が**どのような退職金制度を採用しているか**など、基本的な点の調査が必要となります。

　なお、当職は経験がありませんが、退職給付金が将来的に出た段階で清算金を支払うという合意も可能であるようです（前掲秋武317頁）。

3　保険

　貯蓄型の生命保険や学資保険は、**その保険料を婚姻生活で作った財産から支払っている限りにおいて**、保険料は財産分与の対象となります。具体的には、離婚日や別居日などの基準時における解約返戻金額がいくらになるかを保険会社に問い合わせ、その結果として出た額を分与対象財産とすることになります。解約返戻金が0円の場合は対象財産となりません。

　依頼者名義の保険がある場合には、解約返戻金の有無について調査する必要があります。

　なお、保険料支払い期間が全て婚姻期間と重複していない場合には、その割戻が必要となります。

例：基準時の解約返戻金が100万円であり、保険料支払い期間は
　　10年、婚姻期間5年である場合
計算：100万円×（婚姻期間5年÷保険料支払い期間10年）＝50
　　万円

4　年金分割

　日本の年金制度では、国民年金（いわゆる1階部分）は個々人で加入し、個々人に受給権がありますが、その上の2階部分である厚生年

法律実務書のご案内

好評
発売中

法律版 悪魔の辞典

大西洋一 [著]

定価=税込1,760円　四六判・200頁　2021年1月刊

法律の現実を知りたいモノ好きへ。
司法の本音が詰まった法律用語の「裏」辞典。

『悪魔の辞典』(アンブローズ・ビアス著)の"法律版"。法律実務や法学部の講義で登場する用語を、ブラックユーモアたっぷりに再定義。

中小企業の残業代紛争 使用者側の実務

狩倉博之・杉原弘康・中野智仁 [編著]

定価=税込2,750円　A5判・224頁　2021年4月刊

労働者からの残業代請求に適切に
対応し、早期解決を目指す!

改正民法の影響で増加、高額化する残業代紛争について、訴訟の攻撃防御の構造に沿って、解決と予防の実務を解説!

Q&Aでわかる 業種別 下請法の実務

長澤哲也・小田勇一 [編著]

定価=税込3,080円　A5判・256頁　2021年4月刊

依頼者の業界に応じた、
適切なアドバイスができる!

経験豊富で信頼ある著者陣が、建設業、広告産業、金属産業などの17の業種について「よくある相談・論点」を解説。

 株式会社 学陽書房

HPはこちらから　

〒102-0072 東京都千代田区飯田橋1-9-3 TEL.03-3261-1111 FAX.03-5211-3300
2021.5

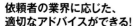

弁護士はこう表現する　裁判官はここを見る
起案添削教室

柴﨑哲夫・牧田謙太郎 [著]

定価＝税込3,300円　A5判・288頁　2020年1月刊

起案添削の過程、見せます。弁護士＆裁判官が実例をもとにした「ダメ起案」を添削。紙上OJTで起案の基礎力アップ間違いなし！

裁判官はこう考える　弁護士はこう実践する
民事裁判手続

柴﨑哲夫・牧田謙太郎 [著]

定価＝税込3,080円　A5判・256頁　2017年9月刊

「現役裁判官」×「現役弁護士」、腹を割って民事裁判手続きを語りあう！

若手法律家のための
民事尋問戦略

中村 真 [著]

定価＝税込3,520円　A5判・268頁　2019年10月刊

上達が難しい民事尋問について、著者の経験値を言語化！　ダメ尋問の原因と対策を明らかに！　著者による描き下ろしイラストも満載！

失敗事例でわかる！
民事保全・執行の
ゴールデンルール30

野村 創 [著]　定価＝税込2,640円　A5判・208頁　2020年3月刊

こうすれば上手くいく！　弁護士が身につけておきたい、民事保全・執行30の鉄則！

逆転勝利を呼ぶ弁護
7つの実例とその教訓

原 和良 [著]　定価＝税込2,860円　A5判・200頁　2020年7月刊

逆転はなぜ起こせた？　著者が実例を基に手の内を明かし、逆転のノウハウを紹介！

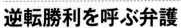

交通事故関連

職業・年齢別ケースでわかる！
交通事故事件
社会保険の実務

中込一洋 [著]

定価＝税込3,520円　A5判・292頁　2020年4月刊

『交通事故事件』×『社会保険の知識』にフォーカスした法律実務書。実務家が現場で悩む論点を網羅した1冊！

6つのケースでわかる！
弁護士のための後遺障害の実務

稲葉直樹・野俣智裕・濱田祥雄・石濱貴文・古郡賢大・井上陽介 [著]

定価＝税込2,750円　A5判・168頁　2020年11月刊

後遺障害を一番やさしく解説。証拠収集から等級認定・訴訟までの実務がわかる

弁護士費用特約を活用した 物損交通事故の実務

狩倉博之・渡部英明・三浦靖彦・杉原弘康 [編著]

定価＝税込2,530円　A5判・176頁　2020年2月刊

増加する物損交通事故事件の実務を、弁護士費用特約の活用法に触れながら解説！

駐車場事故の法律実務　過失相殺・駐車場管理者の責任

中込一洋・末次弘明・岸郁子・植草桂子 [著]

定価＝税込3,520円　A5判・240頁　2017年4月刊

駐車場内の交通事故について、過失相殺と駐車場管理者の責任を中心に実務の指針を示す。

裁判官！ 当職そこが知りたかったのです。

岡口基一 ・中村 真 [著]

定価＝税込2,860円　A5判・192頁　2017年12月刊

裁判官 岡口基一×弁護士 中村真！　民事訴訟の代理人が聞きたかったトピックに切り込む！　裁判官が考える訴訟戦略のポイントが満載！

「実践!!契約書審査」シリーズ

実践!! 契約書審査の実務〈改訂版〉
修正の着眼点から社内調整のヒントまで

出澤総合法律事務所 [編]
定価=税込3,630円　A5判・304頁　2019年3月刊
現場の悩みどころをもとにした具体的ケースから、契約書審査の目の付け所や法務パーソンとしての調整のコツ、考え方を示す!

実践!! 業務委託契約書審査の実務

出澤総合法律事務所 [編]　牛山琢文・丸野登紀子・若狭一行・稲田祥子 [著]
定価=税込2,640円　A5判・164頁　2019年7月刊

実践!! 不動産売買・賃貸借契約書審査の実務

出澤総合法律事務所 [編]　牛山琢文・真藤誠・若狭一行・大賀祥大・稲田祥子 [著]
定価=税込2,750円　A5判・196頁　2019年6月刊

実践!! 秘密保持契約書審査の実務

出澤総合法律事務所 [著]　定価=税込2,640円　A5判・176頁　2019年11月刊

弁護士が教える!　事例でわかる
中小企業の法律トラブル対応

川上善行 [著]
定価=税込2,640円　A5判・164頁　2021年3月刊
中小企業がよく遭遇する27のトラブルについて、解決のための初動対応、正しい対応のポイントをわかりやすく解説!

説得力が劇的に上がる
法務の文書・資料作成術!

芦原一郎 [編著]　定価=税込2,200円　A5判・152頁　2020年10月刊
法務パーソンの「文書・資料作成」に特化した初の本!　仕事で使えるサンプルを掲載!

金（共済年金は平成27年に厚生年金に一本化されました）は、その企業等に勤務する者が加入者（第2号被保険者）となり、その者の被扶養配偶者は第3号被保険者となり、直接は厚生年金の受給権を持ちせん。その結果、第2号被保険者と第3号被保険者が離婚した場合、厚生年金保険料は双方の婚姻期間中に形成されているのに、その果実である厚生年金は第2号被保険者のみに支払われ、第3号被保険者には支払われない、という不平等が生じます。

その不平等を解消するため、夫婦であった者の一方の請求によって、厚生労働大臣が標準報酬等の改定または決定を行う「**離婚時年金分割制度**」があります。

この制度によって標準報酬等の分割を受けることで、第3号被保険者であった者は**婚姻期間中の標準報酬のうち分割割合に応じて自分のものとなり**、それに応じて厚生年金の老齢年金を受け取ることができるようになります。

離婚時年金分割には、**合意分割**と**3号分割**があり、3号分割の方が簡便ですが、合意分割では、「婚姻期間中全体」の厚生年金の年金保険料の払込記録について分割される一方、3号分割の場合に分割されるのは、平成20年4月分以降の国民年金第3号被保険者であった期間中の厚生年金の年金保険料の払込記録に限られます。

手続きとしては、まず年金分割のための情報通知書を年金機構から得て、それをもとに離婚時に按分割合を合意するのが一般的です。

こうすればよかった

将来得られる財産の分割方法を知っておくべきでした。

※ これがゴールデンルールだ！

将来得られる財産でも、今分けるべき場合がある。

❁17 養育費を巡る戦い

〈養育費の算定方法〉••••••••••••••••••••••••••••••••••▶

失敗事例 どうして前妻と同額もらえないの？

　　新人弁護士の甲弁護士は、法テラス相談で、X（女性）から離婚事件の相談を受けました。

　　Xと夫Yとの婚姻期間は約15年で子どもは2人（4歳、1歳）います。XとYはいずれも会社員で、Xの年収は220万円、Yの年収は800万円です。

　　Yには、前妻との間に2人の子どもがおり（21歳、20歳）、前妻との子どもに対しては、20歳になるまでの間、子ども1人につき8万円の養育費を支払っていました。そして、YはXとの子どもについて、「養育は子ども1人につき6万円しか払わない」と主張しています。Xは、どうして6万円しかもらえないのか納得しておらず、「どうして6万円しかもらえないのか、養育費の額は増やせないのか？」と甲弁護士に詰め寄りました。

　　しかし、甲弁護士は、「算定表がそうなっているので……」としか言えず、きちんとした説明ができませんでした。

解説

1　失敗の原因

　婚姻費用や養育費を争う場面では、算定表を利用することが一般的になったため、養育費の算定の場面では、算定表頼りになりがちです。しかし、これでは、算定表では養育費が計算できない事例や、算定表で考慮されていない事情を主張しなければならない場面には対応できません。

2　養育費の意義

　子どもの監護や教育のために必要な費用のことを養育費といいます。一般的には、子どもが経済的・社会的に自立するまでに要する費用を意味し、**衣食住に必要な経費、教育費、医療費**などがこれにあたります。

　離婚が成立した場合でも、親であることには変わりはありませんので、親は子どもに対して養育費の支払義務（扶養義務）を負います。

　夫婦が離婚した後は、養育費を分担すべき義務があるのか、義務があるとしても分担額をいくらとすべきか、また養育費の支払時期や支払方法をどうすべきなのかが争われることとなります。

3　養育費の算定方法

①　養育費の算定方法

　婚姻費用（**第3章13**参照）や養育費の分担額の算定については、家庭裁判所が独自の算定方式と算定表（三代川俊一郎ほか「簡易迅速な養育費等の算定を目指して─養育費・婚姻費用の算定方式と算定表の提案」（以下、この提案による算定方式を「標準算定方式」といいます）を確立し、これに基づく運用がなされてきました。

　その後、令和元年12月23日、平成30年度司法研究「養育費、婚姻費用の算定に関する実証的研究」の研究報告が公表されました。この研究報告では、標準算定方式・算定表の基本的な枠組みを維持しつつ、前提とされている制度、統計等を最新のものに更新し、算定方法の詳細の一部が改訂されました。

②　改訂標準算定方式の基本的な考え方

　標準算定方式では、義務者及び権利者の基礎収入を認定した上で、子どものために費消されていたはずの生活費を算出し、これを義務者及び権利者の基礎収入の割合で按分して義務者の支払うべき額を算定するという方法が採られています。

　具体的には①総収入から、認定した公租公課等の経費的なものを控除して、義務者及び権利者の基礎収入を認定して、②義務者、権

利者及び子どもそれぞれの最低生活費を認定し、③子どもに充てられるべき生活費を認定した上で、④義務者及び権利者の分担能力を認定して、⑤この生活費を義務者及び権利者の双方の基礎収入の割合で按分して、義務者が負担すべき金額が算定されています。

4　改定標準算定方式における算定方法の詳細

①　基礎収入

　実際の総収入から、公租公課、職業費及び特別経費を控除したものを「**基礎収入**」といいます。標準算定方式では、養育費等の額を簡易迅速に算定するため、法律や統計に基づいて公租公課、職業費（被服費・交通費・交際費など）及び特別経費（住居費・保険料など）等を標準的な割合で推計しています。また、給与所得者と自営業者では、公租公課、職業費及び特別経費等が異なることから、基礎収

■基礎収入割合

給与所得者	
0 ～ 75万円	54%
～ 100万円	50%
～ 125万円	46%
～ 175万円	44%
～ 275万円	43%
～ 525万円	42%
～ 725万円	41%
～ 1325万円	40%
～ 1475万円	39%
～ 2000万円	38%

事業所得者	
0 ～ 66万円	61%
～ 82万円	60%
～ 98万円	59%
～ 256万円	58%
～ 349万円	57%
～ 392万円	56%
～ 496万円	55%
～ 563万円	54%
～ 784万円	53%
～ 942万円	52%
～ 1046万円	51%
～ 1179万円	50%
～ 1482万円	49%
～ 1567万円	48%

入を算定する計算式は**給与所得者と自営業者とで異なります。**

> 基礎収入＝　総収入×基礎収入割合

②　子どもの生活費指数

　標準算定方式においては、基礎収入を**生活費の指数の割合によっ**
て按分します。

　子どもの生活費の指数の算定方法は、この年齢区分を０〜14歳、
15歳〜19歳の２区分とした上で、０歳〜14歳までの生活費指数は
55、15歳〜19歳の生活費指数は90となります（親の生活費指数は
100）。

　公立学校の教育費相当額については、子どもの生活費指数を定め
る際に考慮されています。

> 子どもの生活費＝義務者の基礎収入×（子どもの生活費指数÷（義
> 務者の生活費指数＋子どもの生活費指数））

■生活費指数

０歳〜14歳	15歳〜19歳	親
55	90	100

③　義務者が分担すべき養育費の額

　②で算定した子どもの生活費を父母がそれぞれの**基礎収入に応じ**
て分担すると考えますので、義務者の負担額は次のように計算され
ます。

> 義務者の負担額＝子どもの生活費×（義務者の基礎収入÷（権利
> 者の基礎収入＋義務者の基礎収入）

上記の計算式で算定された額は年額ですので、これを12で割って月額の養育費を計算します。

5　算定表の使用の手順

　算定表は、これまで述べた改定標準算定方式に従い算定される養育費の額を、義務者が極めて低収入の場合は1万円、その以外の場合には2万円の幅を持たせて整理し、**子どもの人数**（1〜3人）と**年齢**（0〜14歳と15歳以上の2区分）に応じた9種類からなっています。

　算定表の横軸には権利者の総収入（年収）が、縦軸には義務者の総収入（年収）がそれぞれ記載されています。

　算定表を使用する場合、①まず、子どもの人数と年齢に従って使用する表を選択します。次に②その表の権利者及び義務者の収入欄を給与所得か自営業者かの区別に従って選び出します。③選んだ権利者の収入を上に、義務者の収入欄を右にのばし、**両者が交差する欄の額**が標準的な養育費の額となります。

　子どもが複数の場合は、最終的には、それぞれの子どもごとに養育費分担義務を定めることになります。その場合、義務者の養育費分担額を子どもの生活費指数で按分することになります。

6　本事例に基づく養育費の計算

　本事例について、前記の方法で養育費を計算します。
　(1)　X（権利者）の基礎収入
　　　220万円×43％ ＝94万6000円
　(2)　Y（義務者）の基礎収入
　　　800万円×40％ ＝320万円
　(3)　子どもの生活費
　　　320万円×（（55＋55）÷（100＋55＋55））＝176万8380円
　(4)　義務者の負担額
　　　167万6190円×（320万円÷（94万円 ＋320万円））＝129万5606円
　　　129万5606円÷12＝10万7811円（月額）

この場合、1人あたりの養育費は約5万4000円となります。

　もっとも算定表によることが著しく不公平となるような特別な事情がある場合には、養育費算定表の金額とは異なる金額を請求することもできます。どのような場合に、養育費算定表の金額とは異なる金額を請求できるかについては、**第3章18**をご覧ください。

7　養育費の始期と終期

　義務者が養育費の支払義務を負うのは、権利者が義務者に対し養育費の請求をしたとき（一般的には、「調停申立時」）となります。したがって、過去の養育費の請求はできません。

　これに対して、養育費の終期は、一般的には、その子が成熟した子として扱われるまでということになり、**通常、子が20歳になるまで**とされています。もっとも、義務者が子の大学進学を認めている場合や、両親とも大学を卒業している等の家庭の事情から子の大学進学が当然と考えられる場合は、成人した大学生も未成熟子として扱われることがあります。大学は通常4年制なので、この場合は、養育費の終期を、子どもが22歳になる年度の3月までとすることが一般的です。

こうすればよかった

　相談者に詰め寄られても焦らないことが大切です。その上で、養育費が父親、母親双方の収入の中から子どものために費消されていたはずの生活費の額を算定するので、必ずしも前の離婚の際と同額の養育費がもらえるわけではないことを丁寧に説明する必要があります。

　実際の相談の場では、養育費の基本的な考え方を説明した上で、算定表によることが著しく不公平となるような特別な事情の有無を検討することになります。

✹これがゴールデンルールだ！

　算定表の理解は原点にして頂点。

⑱ 何が何でも算定表？

〈養育費の算定方法〉 •••••••••••••••••••••••••••••••••▶

失敗事例 子どもを留学させたかったのに……

　甲弁護士は、X（女性）から離婚事件を受任しました。

　Xと夫Yとの婚姻期間は約10年で、9歳の子どもが1人います。子どもの親権者はXとすることで既に話はまとまっており、養育費の金額についてのみ双方で争いがあるとのことでした。

　Xとしては、子どもは将来飛行機のパイロットになりたいと常に語っていて、夫婦でもこの夢を応援しようとなり、中学からは私立へ進学し、将来的には海外へ留学させようと話をしていたので、養育費をきちんと確保したいとのことでした。

　甲弁護士は、XとYの給与明細をそれぞれ提出させ、Xの年収が200万円、Yの年収が800万円であることが確認できたので、養育費算定表に従い、養育費は月額8万円になるということで、話をまとめ、最終的に合意書を締結し、事件は終了となりました。

　事件終了後、Xは子どもと一緒に甲弁護士の事務所へやってきました。Xは、「養育費は算定表に従って決まるということですから、月額8万円で納得せざるを得ませんでした。私の収入と養育費だけでは、子どもを私立の中学へ進学させるのも難しそうですし、海外留学なんて夢のまた夢です。パイロットの夢は諦めてもらうしかないですよね……」と涙声で話していました。

　「子どもの夢を叶えるために、もっと良い解決はなかったのだろうか」と嘆く甲弁護士でした。

1 失敗の原因

　養育費が養育費算定表に従って決まること（**第3章17参照**）は様々なウェブサイト等でも解説されており、離婚相談に来た依頼者の大半が、算定表の存在を知っていることでしょう。

　そのため、養育費算定表に従って算出した金額ということであれば、権利者（X）・義務者（Y）双方の了解も得やすく、甲弁護士の解決内容が、「失敗」とまではいえないかもしれません。

　もっとも、養育費算定表は、あくまでも標準的な養育費を簡易迅速に算出するためのツールにすぎませんので、個別の事情を考慮した上で、**例外的に算定表の金額とは異なる金額**とすることもあり得ます。

　それでは、そのような特別な考慮をする必要のある場面として、具体的にはどのようなものがあるか見ていきましょう。

2 養育費算定表の例外

　養育費算定表は、標準的な養育費を簡易迅速に算出することを目的とするものですが、通常の事情は、標準化するにあたって、既に考慮されています。

　したがって、養育費算定表の金額とは異なる金額の算定を要するのは、「**算定表によることが著しく不公平となるような特別な事情がある場合に限られる**」とされています（裁判所HP「養育費・婚姻費用算定表について（説明）」参照）。

　例えば、以下の事情がある場合には、例外的に特別な検討を要することがあり、注意が必要です。

① 住宅ローンの負担がある場合

　養育費算定表においては、標準的な住居関係費用を特別経費として総収入から控除した上で、基礎収入を算定しています（つまり、養育費算定表においては、標準的な住居関係費用は織り込み済みというわけです）。

もっとも、住宅ローンは、一般に、養育費算定表の中で考慮されている**標準的な住居関係費用よりも高額なことがほとんど**で、ケースによっては住宅ローンの負担を特別に考慮する必要があります。

　まず、財産分与にあたり不動産を処分する場合、住宅ローンは夫婦共同の債務であることを前提に清算されることになりますので、養育費算定において考慮する必要はありません。

　また、不動産を処分しないで一方が居住する場合でも、居住者となる一方が住宅ローンを負担する場合、養育費算定において考慮する必要はありません（標準的な住居関係費用よりもローンの方が高額ですが、超過額は資産形成のための費用といえるので、養育費として考慮する必要はありません）。

　これに対して、不動産を処分しないで一方が居住するものの、反対当事者が住宅ローンを負担する場合、**一方の住居関係費を反対当事者が負担**することになるので、何らかの考慮を要すると考えられます。例えば、住宅ローン支払額をＹの収入から控除する、算定表による算定額から一定額を控除する、などが考えられます。

② 　私立学校や大学の学費

　子どもを扶養する親には教育義務があり（教育基本法５条）、小学校及び中学校に就学させる義務を負っていますが（学校教育法17条）、これを超える部分は、**当事者が承諾した範囲で義務を負うに**とどまります。養育費算定表は、公立中学校・高等学校に関する学校教育費を（生活指数として）考慮していますが、これを超える教育費用（私立学校や大学へ進学した場合の教育費用等）は考慮されていません。そこで、このような教育費用を養育費に反映すべきかどうかが問題となります。

ⅰ 　私立学校の費用

　我が国では公立学校による就学体制が整っているため、私立学校の費用（公立学校費用の超過部分）を負担するのは、原則として、義務者が承諾した場合に限られます。もっとも、受験を援助してきた場合等には黙示の承諾と認めることができますし、義務者の収

入・学歴・地位等から私立学校への進学が不合理でない場合には、その学費を負担すべきでしょう。

ii 私立の保育所・幼稚園の費用

　義務者が私立の保育所・幼稚園に預けることを承諾している場合はもちろん、そうでない場合も、不合理な事情がない限り、費用を負担すべきでしょう（保育所・幼稚園に預けるのは、監護者が就業して生活費を得るためのものでもあるからです）。

iii 塾の費用

　塾や習い事の費用も、義務者が承諾した場合はもちろん、そうでない場合も、義務者の収入・学歴・地位などからその負担が不合理でない場合には、費用を負担すべきでしょう。

iv 大学の学費等

　義務者の収入・学歴・地位などからみて不合理でない場合、大学の学費等も分担の対象とすべきでしょう。この場合、通常は、養育費の支給の終期を**大学卒業時まで**とするのが一般的です。また、負担の対象となる費用としては、授業料、通学費用のほか、下宿代等も含みますが、子どものアルバイト収入等によって賄うことが前提となっている場合は、そのような収入も前提に負担額を決めることになります。

　上記 i ないし iv の事情が認められる場合の具体的な負担額（加算額）については、**実際の費用**（例えば私立学校の学費）から、算定表において考慮されている**教育費**（公立学校の学費）を控除し、当該金額を義務者と権利者の基礎収入に応じて按分計算することが考えられます。

③ 高額な医療費

　子どもに重度の障害があるなど、高額な治療費がかかることがありますが、養育費算定表においては、子どもにかかる一般的な医療費を考慮するにすぎず、このような特別な治療費等高額な医療費は考慮されていません。

　もっとも、子どもの治療費については、その性質から、基本的に

は負担の対象とするのが相当でしょう。この場合、具体的な分担額は、治療費を義務者と権利者の基礎収入に応じて按分計算することが考えられます。

3　交渉を進めるにあたっての考え方

①　当事者の意向・ニーズを踏まえて柔軟な提案を

　以上のような事情が認められる場合でも、養育費に反映すべきかどうか、反映するとしていくら増額とするかなどは一義的に決まるものではありませんので、通常、義務者との交渉を要します。

　また、本来的には養育費を増額すべきとまではいえない事情（例えば高額な海外留学費用等）であっても、交渉により、義務者の承諾を得て増額事由として扱うこともあり得ます（もっとも、交渉するとしても、調停や審判に移行した場合には増額事由として考慮されない可能性があることは依頼者に十分に説明する必要があります）。

　結局、養育費の金額交渉については、**基本的には当事者が納得すれば何でも OK** です。当事者の意向・ニーズに沿って創意工夫を凝らし、柔軟な提案をしていくことが良い解決につながるでしょう（ただし、支払困難な水準で合意をまとめても、後に養育費減額調停等で減額を求められる可能性もありますので、高い金額にまとめればいいというものではありません）。

②　交渉の一例（設例の場合）

　交渉の進め方は様々であり、一般論の形で示すのは困難ですが、本件事例の事案を例にとって、交渉にあたっての取り組みを、一例として紹介します。

　まず、権利者（X）側としては、子どもの教育方針（私立中学・高校への進学、塾の通学、留学の方針等）について**義務者（Y）とこれまでに話していた内容を整理**します。その上で、必要な費用を整理し、**提案額を決定**します。費用を整理する際には、総務省の統計を用いて費用を計上してもよいですし、例えば義務者の進学先を

例にとって費用にまとめるのも交渉上有効かもしれません。

　また、提案後、義務者（Y）からは、

・　実際に進学するとは限らないのに増額はおかしい。

・　子どもの夢は変わるかもしれない。子どもの意見を聴いてから負担を決めたい。

・　実際に増額したとしても、子どものために使われるか不安。

などと反論されることがあります。これに対しては、例えば、

・　「進学にかかる費用が○○万円を超えた場合には、当該超過費用については、（Yが○割負担することを原則として、）Yの負担額を別途協議して定める」

・　「Yの負担額を定めるにあたっては、子どもの意見も踏まえるものとし、Yと子どもとが進路について話し合う機会を別途設けるものとする」

・　「子どもの養育に要した費用の支出内訳を毎年度末に報告する」

などと提案することで、義務者（Y）の了承を得やすくなるかもしれません。

こうすればよかった

　子どもの将来の教育方針について、XとYの意向を踏まえた上で、養育費の金額や定め方を柔軟に検討するのが望ましかったでしょう。

　もっとも、相手方が全面的に争うこともあり、調停等に移行しても有利な条件を獲得するのは難しいということであれば、算定表どおりの金額で合意することもやむを得ないでしょう。

✺ これがゴールデンルールだ！

養育費算定表には例外もある。増額事由が認められなくても粘れ。

離婚相手が再婚したら？

〈養育費の増減額〉・・・・・・・・・・・・・・・・・・・・・・・・・・・・・・・・・・▶

失敗事例 交渉に徹しきれずに

　甲弁護士は、Ｘ（女性）から離婚したＹ（男性、職業医師）から申立てのあった養育費の減額を求める事件を受任しました。

　ＸとＹとは、「ＸがＡ（当時２歳）の親権者、ＹはＸに対して養育費として月額20万円を支払う」という内容で７年前に協議離婚をしました。ＹはＸとの離婚後に、歯科医師であるＺと再婚しました。Ｙは再婚に併せてＺの連れ子Ｂ（15歳）と養子縁組をしました。また、Ｚとの間にＣが生まれました。Ｙの申立ては、「医師としての収入はあるものの、養子となったＺ及びＺとの実子Ｃを扶養する必要があるので、取り決めた養育費を減額してもらいたい」という内容でした。

　Ｘとしては、「Ｙが再婚したり、Ｂを養子にしたり、実子Ｃをもうけたりするのは明らかに養育費を減額するためであり、また再婚相手のＺは歯科医師で相応の収入もあるはずだから、減額請求は認められないはず」であると憤っています。

　甲弁護士としては、Ｘの家計状況、事前に入手したＹとＺの収入関係資料を精査して、調停に臨みましたが、初回から意見が対立したので、成立の見込みが薄いと考え、２回目で調停不成立として、早々に審判に移行しました。しかし審判では「事情に変更を生じたとき」に該当するとして養育費の減額請求が認められてしまいました。

　甲弁護士から審判について説明を受けたＸはこれも人生と割り切って結果を受け入れることとし、強気に事件に臨んでくれた甲弁護士にねぎらいの言葉をかけて事務所を後にしました。Ｘが帰った後、「もっとよい解決方法はなかったのか」と悔やむ甲弁護士でした。

解説

1 失敗の原因

　協議離婚であっても、調停・裁判離婚であっても、そこで決められた養育費については、「事情変更」によって、増額あるいは減額請求をすることができます（民766条3項、880条）。しかしながら、条文上は**「必要があると認めるとき」「事情に変更が生じたときは、家庭裁判所は、……変更……することができる」**と定めるのみで、具体的な基準が定められているわけではありません。そのため、どのような場合が「事情変更」に該当し、増額あるいは減額が認められるのかわかり難いのが現状です。したがって、甲弁護士の対応が「失敗だった」と責めることはできません。では、甲弁護士が今後同じようなことがないようにするにはどのような点に気をつけたらよいのか考えてみましょう。

2 適用条文

　離婚時に父母の協議、又は家庭裁判所の調停若しくは審判によって養育費支払義務を定めたとしても、民法766条3項で、「家庭裁判所は、必要があると認めるときは、前二項の規定による定めを変更し、その他子の監護について相当な処分を命ずることができる。」として、事情変更に基づく養育費支払義務に関する定めを変更することを認めています。民法880条も「扶養すべき者若しくは扶養を受けるべき者の順序又は扶養の程度若しくは方法について協議又は審判があった後事情に変更を生じたときは、家庭裁判所は、その協議又は審判の変更又は取消しをすることができる。」として、事情変更に基づく扶養に関する定めの変更を認めています。

3 事情変更を認めるための要件

　事情変更に関しては民法766条3項と民法880条との2つの規定がありますが、いずれも扶養請求権に関する事情変更の法理を定めて、同

様な要件を定めていますので、解釈上の差異はありません。

　父母の協議や調停・審判で養育費支払義務を定めたとしても、家庭裁判所は親子関係における具体的扶養義務の設定に関しては、**積極的に後見的介入を行うべき**ですので、父母の協議の拘束力や審判の拘束力を厳格に維持すべきでないこととなります。

　民法766条3項も880条も広い要件のもとに事情変更を斟酌すべきことを定めていますので、裁判所が変更審判をなすにあたって考慮できる事情が生じた場合には、予見可能性や帰責性の有無にかかわらず、広く考慮すべき事情として対象となし得ると解されています。

　父母間の協議や調停・審判によって成立している養育費支払義務について、後の事情変更に基づき、審判をもって増額したり減額したりするための要件は、民法766条3項では「必要があると認めるとき」とし、民法880条では「協議又は審判があった後事情に変更を生じたとき」と定めています。このことからすれば、変更審判をするには、養育費支払義務を変更する必要性があり（「**必要性の要件**」）、変更することが相当であるという要件（「**相当性の要件**」）を満たす必要があると解することになります。

　養育費支払義務に関しては、故意に収入を減少させるなどの小細工をすることによって、減額変更を求めてくることも予想されますので、**必要性と相当性とは、信義則に照らして判断**しなければなりません。

4　事情変更に関する事例

①　事情変更を否定した事例

　ⅰ　義務者が調停後に借入が増大したなどとして減額を求めた事例

　　借入が増大したのは無謀な宅地購入や自宅新築のためであるから重要な事実の変更があるとはいえないとして、養育費の減額請求を否定した（福岡高宮崎支部決昭56.3.10家月34巻7号25頁）。

　ⅱ　調停成立時において当事者が認識していた事情を理由として養育費減額を求めた事例

　　調停当時、当事者に予測不能であったことが後に生じた場合に限

り事情の変更と評価して変更が認められるとして、養育費減額請求を否定した（東京高決平19.11.9家月60巻6号43頁）。

② **事情変更を肯定した事例**

ⅰ 義務者・権利者の双方が別の相手と再婚し、子どもらが相手方の再婚相手と養子縁組をした事例

養育費減額を認容した（東京家審平2.3.6家月42巻9号51頁）。

ⅱ 調停成立当時とは義務者の収入が著しく変化し、また、義務者に新たな家庭ができた事例

養育費の減額を認めた（山口家審平4.12.16家月46巻4号60頁）。

こうすればよかった

事情変更に関しては、民法766条3項、880条の規定がありますが、いずれも要件が明示されてるものではなく、審判に移行した場合には裁判所の裁量によって決められてしまうおそれがあります。類似の事例においても、裁判所によっては結論を異にすることもあります。現に4②ⅱで紹介した事例では、原審においては、減額請求を認めず、抗告審では、同じ事情であっても減額請求を認めており、結論を異にしています。

このように、裁判所によっても結論を異にする可能性が高い「事情変更」事案については、例えば調停において、依頼者と相手方の現在の生活状況を説明し、双方の生活実態を具体的にした上で、調停委員はもちろんのこと、相手方の理解が得られるように粘り強く説得する必要があるのではないでしょうか。

✳ これがゴールデンルールだ！

裁判所の心証を揺り動かす熱意ある説得を！

㉚ 養育費が払われないことがある？

〈養育費の履行確保〉••••••••••••••••••••••••••••▶

失敗事例 円満離婚のバッドエンド

　甲弁護士は、Ｘ（女性）から離婚事件を受任し、Ｙ（夫）との交渉を行っていました。

　ＸはＹ名義となっていた自宅の取得に加えて、相場よりも高めの養育費を希望していたことから、甲弁護士は、難しい交渉になるのではないかと構えていましたが、Ｙは非常に聞き分けのよい相手方で、Ｘ側の主張を認める形で話がまとまり、

　・自宅不動産はＸ単独名義とし、住宅ローンをＸが引き受ける

　・養育費は月10万円とする

という内容で公正証書を作成し、事件は円満に終了となりました。甲弁護士は、Ｘからも非常に感謝され大いに満足していました。

　しかし、数ヶ月後、Ｘが相談に訪れました。

Ｘ「Ｙが養育費の支払いを滞っています！　どうも仕事をクビになってしまい無職・無収入のようです。このままだと私も住宅ローンが払えなくなってしまいます！！」

甲「公正証書を作成していますから、Ｙの財産を差し押さえることができますが、無職なので給与の差押えはできませんね。不動産や証券、預貯金等他に資産はありますか」

Ｘ「預金はあるかもしれませんが、離婚してから借金するほどギャンブルにはまっていたと聞いています……」

　甲弁護士は一縷の望みをかけて預金債権の差押えにチャレンジしましたが案の定空振りに終わり、養育費の回収はできませんでした。Ｘは住宅ローンを支払えなくなり、破産を検討することになりました……。

1 失敗の原因

　甲弁護士は、Xの希望を叶える解決に導くことができ、事件自体は一見すると円満に解決したかのようにみえましたが、落とし穴はその後にありました。結果的には、Yの支払能力に関する見通しが甘く、**養育費に依存する形で住宅ローンを引き受けてしまったこともあり**、Xは経済的に困窮する形になってしまったのです。

　養育費は十数年にわたり得る継続的な給付であり、最後まできちんと支払われるかどうかは、子どもの生活を左右する重大な問題です。離婚事件を担当する弁護士としては、養育費の履行確保手段としてどのようなものがあるかを把握した上で、必要な対策・アクションを講じることは当然です。また、養育費の履行確保手段を講じたからといって必ず全額回収できるというものではなく、相応の限界がありますので、必要な手段を講じても**なお回収できないリスク**があることは念頭に置く必要があるでしょう。

　甲弁護士の処理はどうだったでしょうか。合意内容を公正証書とする、預金債権を差し押さえようとするなどの努力が垣間見えます。結果的には、Yの支払能力に関する見通しが甘かったとはいえ、事前に察知するのは難しい面もあったでしょうから、責められるべき落ち度までは認められないでしょう。

　もっとも、Yのように、養育費が支払われなければローンも支払えないほどにまで養育費に依存してしまうのは、とても健全な収支とはいえません。履行確保の措置を講じてもなお回収できないリスクがあることを念頭に、依頼者に対して適切なアドバイスをすることができれば、もしかするとXのような不幸な結末を避けることができたかもしれません。

　以下では、養育費の履行確保について概説した上で、その限界についてみていきます。

2 履行確保の必要性

　養育費は子どもの権利であると同時に親の義務でもありますが、現実はどうでしょうか。厚生労働省「平成28年度全国ひとり親世帯等調査結果報告」によれば、養育費の取り決め状況は以下のとおりです。

■養育費の取り決め状況

　また、母子世帯における養育費の受給状況は以下のとおりです。

■母子世帯における養育費の受給状況

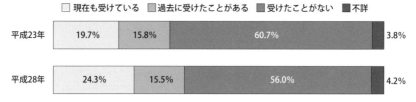

　これらの統計によれば、養育費の取り決めをしたからといっても、**継続的に養育費が支払われるケースはそれほど多くないことが理解で**きます（「現在も受けている」／「養育費の取り決めをしている」についてみると、平成23年が52.3%、平成28年が56.6%となっています）。養育費の取り決めができたからといって油断してはならず、「**どうすれば養育費の履行確保ができるか**」を強く意識する必要があります。

　そこで、以下では履行確保の方法について、事前の対策と事後的アクションにそれぞれ分けて、簡単に説明します。

3　養育費の履行確保の方法その1（事前の対策）

①　一括払い

　養育費の履行確保の方法として、「一括払い」してもらうというのがあり得ます。この場合には、（当初の支払いさえあれば）不払いという事態が生じませんから、ある意味最高の履行確保手段です。

　もっとも、義務者において十分な資金力が必要となるほか、将来の事情変更による増額・減額が難しくなる、高額な場合（相続税法21条の3第2号参照）には贈与税の対象となる可能性があるといったデメリットもあります。

　なお、近時は信託を利用する方法（信託銀行に一括して養育費を預け、子どもに定期的に分割金を支払っていく方法（養育信託））もあるようです。

②　強制執行への備え（債務名義の取得）

　公正証書（執行証書）の作成や家事調停の利用により、養育費の支払いについて債務名義を取得することで、不履行の場合に速やかに強制執行することができることになります。強制執行という**強力な履行確保につなげることができ、またそのこと自体が不履行に対するプレッシャーにもなります**ので、有効な対策といえます。養育費の履行確保方法の王道です。

③　不払いに対するペナルティの定め

　また、養育費の不払いがあった場合にペナルティを定める（不払いがあったら分割払いになっていた財産分与・慰謝料を一括で弁済しなければならないと定めるなど）ということも考えられます。

　どれほど効果があるかはペナルティの内容次第です。**義務者の立場からすると断りにくい**はず（断ると養育費を払う気がないように受け止められるので）ですので、交渉を工夫してみましょう。

④　保証人の設定

　そのほか、保証人をつけるという方法も考えられますが夫婦間の紛争に他人を巻き込むことになることから、あまり利用されていないようです（義務者の両親などであれば受けてもらえる可能性があ

るかもしれません）。

　なお、近時、民間の保証サービスが登場しています（スキームの詳細は明らかではないので利用は自己責任でお願いします）。

4　養育費の履行確保の方法その2（事後的アクション）

①　履行勧告・履行命令

　次に、実際に不払いが起きてしまってからのアクションですが、家事調停や審判で養育費の支払いを定めた場合には、**家庭裁判所に対して履行勧告や履行命令の申立て**を行うことができます（家手法289条、290条）。履行勧告については応じない場合でも制裁はありませんが、履行命令について応じない場合には**過料の制裁**があり得るため、一定の牽制効果があります。

　いずれも手数料は無料で、裁判所からの公的な勧告であるので義務者にある程度強いプレッシャーをかけられ、ケースによっては有効です。もっとも、義務者の警戒を強め、強制執行対策（財産隠し）を誘発する可能性がある点には注意が必要です。

②　強制執行

　債務名義を取得している場合（前記3②）、**地方裁判所**（家裁ではない！）に強制執行の申立てを行うことにより、義務者の財産（不動産、預金債権、給料債権等）を差し押さえ、その財産を支払いにあてることができます（直接強制）。財産がある（特定できる）場合には非常に有効な手段ですが、財産の特定が障害になる（預貯金の存在する銀行・支店がわからない、勤務先がわからないなど）ことが少なくありません。この場合には、改正民事執行法における**第三者からの情報取得手続**（登記所や市町村、金融機関から債務者の土地・建物、勤務先、預貯金等に関する情報を受ける手続です。民事執行法204条〜211条）の利用を検討してみるといいでしょう（詳細は野村創『失敗事例でわかる！　民事保全・執行のゴールデンルール30』（学陽書房、2020年）余録をご参照ください）。

　なお、強制執行の場面では、**養育費は手厚く保護**されており、通

常の金銭債権では認められない将来分の差押えや間接強制が認められています（民事執行法151条の2、167条の15）。

5　履行確保の限界

　養育費の履行確保方法について見てきましたが、（一括払いを受けられた場合を除き）結局、無い袖は振れない（お金がない人からは回収しようがない）という限界があることは無視できませんし、支払いを免れるために徹底的に戦おうとする義務者からもぎ取ることは容易ではありません。また、そもそも事情変更により適法に減額されるということもあり得るところです（**第3章19**参照）。

　養育費は、十数年にわたり得る継続的な給付ですから、その間にはさまざまなアクシデントがあります。満額確保するために履行確保の措置を講じることももちろん大切ですが、過度の期待は禁物です。

こうすればよかった

　甲弁護士は、公正証書（執行証書）を作成する、強制執行を申し立てるなど、養育費の履行確保に努めていたにもかかわらず、Xにとって厳しい結果を迎えることになってしまいました。

　Xのように、養育費の支払いを当て込んでローンを組むといった事例はしばしばみられるところですが、養育費の不払いで直ちにローンが支払えなくなるという収支状況は、非常に危ういものです。

　養育費の履行確保に限界があることについてXに十分に理解してもらえれば、養育費に依存しすぎない現実的なマネープランを設定し、悲しい結末を避けることができたかもしれません。

✸ これがゴールデンルールだ！

養育費の条件をまとめる際には、履行確保の方法も意識する。履行確保の措置を講じたからといって、当てにしすぎるのは危険。依頼者にも十分に理解してもらいたい。

子どもにまつわる失敗

親権に国籍は関係ない

〈子の親権者の指定〉・・・・・・・・・・・・・・・・・・・・・・・・・・・▶

失敗事例 外国籍配偶者に対する誤解

　Xは医師で、大学時代の友人の紹介で外国籍のYと知り合い結婚し、長男Aが生まれました。多少の口論はあったものの仲睦まじく生活をしていましたが、長男Aが小学校に入学したころから、長男Aの教育を巡って口論が絶えなくなりました。Xの持つ「子どもらしく健康に育ってもらえれば、勉強面は大目に見てもよい」との考え方をYがハナから否定して、自分の考えを一方的に押し付けていました。XYは長男Aの教育方針からさらに発展して、お互いの考え方の否定にまで及んでしまい、XとしてはYとの離婚もやむなしとの結論に至りました。XとしてはYとの離婚はやむを得ないものの、長男Aは是非自分の後を継いでもらいたいとの思いも強く、また、Yは日本語も十分話せず、国民性も違うので、Yの元で育てられたのでは、長男Aの教育上も良くないとの思いもあって、長男Aの親権もとりたいとの意向を強く持っていました。

　Xから相談を受けた甲弁護士としても、親権者に相応しいかは離婚後の子どもの環境が大きく影響するから、長男Aが日本で生活をする以上は外国籍であるYよりも日本国籍であるXが親権者として指定されやすいのではないかと考え、長男Aの親権者をXとする内容の離婚調停を申し立てました。しかし、調停時における調査官調査では親権者は「Yが相当」との意見が付され、調停不成立後の審判においても「長男Aの親権者はYとする」内容の決定となってしまいました。

　甲弁護士は、自分の判断に甘さはなかったかと悔やむ日々を過ごしています。

1 失敗の原因

　親権者の指定については、民法820条が親権が子どもの利益のためにあると定めているのみです。子どもを日本で育てるのだから、日本国籍を有し会話力もある配偶者のほうが「子どもの利益」になると考えてしまうことはやむを得ないところもありますが、結婚も離婚も「国際化」し、価値観の多様性が求められている昨今の状況からすると、これだけで親権者に相応しいと判断し、その他の要素を考慮しないことはむしろ問題です。

2 親権者の指定の判断基準

① 準拠法

　本事例は渉外家事事件ですので、**第1章5**でも説明したとおり準拠法を決めるところから始めます。当事者ＸＹのうちＸが日本に居住している日本国籍者ですので、「夫婦の一方が日本に常居所を有する日本人であるときは、離婚は、日本法による。」と規定する法の適用に関する通則法27条ただし書によって**日本の民法が準拠法**となります。

② 判断基準

　民法820条は、親権が子どもの利益のためにあると定め、同法819条6項は、子どもの利益のために必要があるときには親権者の変更が可能とされています。いずれにしても**子どもの利益に照らしてどちらがより適格か**というのが決定基準となります。そして、子どもの利益に照らして、父母どちらがより適格かということを判断するにあたっては、父母側の事情として、それぞれの監護能力の程度、監護への意欲、精神的・経済的家庭環境、教育環境、子どもに対する愛情、従来の監護状況、親族等の援助の可能性などが挙げられます。

　他方、子どもの側の事情としては、子どもの年齢、性別、兄弟関

係、心身の発達状況、従来の環境への適応状況、環境への変化の適応性、子どもの意思あるいは意向などがあります。これら父母側の事情及び子ども側の事情を考慮して、親権者としての適格性を判断することになりますが、これまでに裁判例として現れた具体的基準ないし考慮要素として以下のようなものがあります。

③考慮要素

ⅰ　監護の継続性（現状尊重）の原則

　現実に形成された親子の心理的な結びつきを重視し、子どもの養育者を変更することは、子どもへの心理的不安定をもたらす危険があるから、子どもに対する遺棄や放置などの特別の事情のない限り、**現実の監護者を優先**させる考え方です。子どもの利益という観点から考えると、子どもの生活状態が変更されることは、育った社会や通っている学校など子どもの社会的つながりも変更される可能性があり、父母の親権者としての適格性にあまり差異がないのであれば、現状を変更しないことが子どもの利益になると考えることは自然なことです。

　ただし、継続性の形成を目的として、子どもを相手方の同意なく連れ去ったときには、継続性を肯定することが連れ去り行為を容認することにもなりかねません。したがって、**相手方の同意なく子どもの連れ去りがあった場合**には、継続性の原則を考慮すると不当な結論になるので注意が必要です。相手方に無断で子どもを連れ去った事案において、親権者適格を否定した判例があります（大阪高決平17.6.22家月58巻4号93頁。なお、監護権を否定した判例として、東京高決平17.6.28家月58巻4号105頁。

ⅱ　母親優先の原則

　乳幼児については、母親の監護と愛情が重要であるから、**母親の監護を優先**させるべきであるとする考え方です。「テンダー・イヤーズ・ドクトリン」ともいわれています。子どもの発達段階論から、乳幼児期には、母親とのアタッチメントが不可欠であるとするものです。しかしながら、母親が精神疾患を抱えていたりするような場

合やネグレクト（育児放棄）がある場合には、これを絶対的な原則と捉えるのは避けるべきです。また、**父親も積極的に育児をすることが提唱されている昨今の情勢**をみると、父親が子どもの監護教育を担っている場合もあります。このような場合は、アタッチメントは父親に対してなされることもありますから、この原則は考慮されなくなります。

iii　子の意思尊重の原則

　親権者指定・変更の審判では、満15歳以上の子どもの陳述を聞かねばならないから、その意向はできるだけ尊重すべきであるし、15歳未満であっても原則として**子どもの意向を重視**すべきであるとする考え方です。子どもの利益が抽象的な決定基準であるとすれば、子どもの意思の尊重は決定基準としても最も重要な基準になるはずです。

　15歳以上の子どもであれば、子どもの権利条約に照らしても子どもの意見表明権は尊重されなければなりませんから、中核的な決定基準になります。ただし、未成年の子どもの意向は、変動しやすい上、近親者や身近にいる者の影響を受けやすいだけでなく、言葉と真意とが一致しない場合もあるので、児童心理等の専門家である家庭裁判所の調査官による調査などを通じて、**子どもの発達段階に応じた適切な評価**をする必要があります。

iv　兄弟姉妹不分離の原則

　同一親からの兄弟姉妹は分離すべきでないとする考え方、例えば、長男の親権者を父、長女の親権者を母とするような親権者の指定はするべきでないとする考え方です。これは、兄弟姉妹は、共に生活をすることによって、相互に影響を及ぼし合ってそれぞれの人格を形成していくことが重要であり、これを分離すると、子どもは父母との分離だけでなく、**兄弟姉妹との分離という二重の心理的負担**を強いられることになるという配慮に基づく考え方です。

　したがって、子どもの親権の取り合いの妥協案として、兄弟姉妹の親権者を分離するような方法は、子どもの利益のためになされて

いるのではなく、あくまでの親の利益（世間体・見栄）を考慮して
いるに過ぎないと思われますから、当事者の主張としても避けるべ
きです。ただし、兄弟が別々に養育されても安定している状況があ
る場合には、継続性の原則をも考慮する必要があります。

v　フレンドリー・ペアレント・ルール

　親権者となることを双方の親が主張する場合、子どもが非監護親
との交流を持つことを実現するために、他方の親をどれほど信頼で
き、許容できるかという**相手方に対する寛容性の程度**をも考慮に入
れた判断するという考え方です。これは互いに寛容性を持つことが
求められています。例えば、子どもの面前での DV があった場合や
不倫相手の子どもにより愛情を注いでいたという場合などは、監護
親が非監護親に対して寛容になることを期待することはできませ
ん。したがって、このルールは、親権者の決定基準そのものではな
く、離婚後も子どもの利益を考えて冷静かつ合理的な態度を保持で
きているかという監護能力を判断する一要素に留めるべきではない
かと考えます。

vi　その他

　離婚に際して責任を負う配偶者は、親権者として不適当であると
する考え方や、父母間の取決めがあるのに、その一方が子どもを不
法に奪取するなど、監護開始時に不当な行為が行われたり、これを
是正するための家庭裁判所による子どもの引渡命令などの司法判断
に従わない等の違法性を考慮する考え方などがあります。

こうすればよかった

　判例で形成されてきた親権者指定の判断基準を正確に把握しておく
ことです。**子どもは日本で教育を受けるのだからといって、親権者も
日本国籍者であることが当然の前提となるわけではありません。**夫婦
ともに日本国籍者である場合と同様に、いずれが親権者として相応し
いのかをこれまでの裁判例・審判例を参考にして客観的に判断してい
くことが求められています。

子どもが日本で育つにはという観点から考えると親権者も日本国籍者が相応しいし、おそらく裁判所でも認められるだろうと考えるのは早計すぎます。離婚の相談を受ける場面では、相談者・依頼者は感情的になっていて相手方を非難しがちです。特に相手方が外国籍の場合には、時として当該国の政治問題や社会問題あるいは日本との関係にまで立ち入って相手方の人格にまで無理矢理結び付けて非難する相談者・依頼者がいます。国際問題や本国の政情など当の本人には全く関係ないことですが、感情的に高ぶっていてなかなか鎮めるのも難しいところです。

　ここは、国籍とか国民性は全く関係なく、**今後の子どもの成長にとって夫婦のどちらが相応しいのか**が求められていることを具体例などを示しながら説明し、納得してもらうしかありません。甲弁護士はこの説明が十分できず、依頼者の理解が得られなかったことが失敗の原因だったのではないでしょうか。

※ これがゴールデンルールだ！

　外国籍配偶者との離婚事件においても、日本国籍者夫婦の離婚事件と同じような配慮をし、依頼者を説得すること。

日頃の関わり合いに注意

〈監護者の指定・子どもの引渡し〉・・・・・・・・・・・・▶

失敗事例 イクメンを装うもボロが出た

　Xには妻Yとの間に私立の小学校に通う7歳の長男Aがいます。

　半年ほど前からXはYとの離婚についての話し合いをしており、先週、XとYは別居をしました。別居に際してYは、Xに無断でAを連れ去ってしまいました。そこで、XはAの親権と監護権を取得しようと考え、家庭裁判所に対して、離婚調停、子どもの監護者指定の調停、及び、子どもの引渡し調停を申し立て、甲弁護士がXの代理人に就任しました。

　XはYの監護の能力について、「Yは片付けができず、家の中はいつも散らかっている、台所もゴミの山でまともに料理ができない、すぐに感情的になり日常的にAを怒鳴り散らしている」と主張しています。また、Aの監護状況についても、Xは「毎日Aを駅まで送迎している、幼稚園とのやり取りも自分がしていた、今もAの面倒はほとんど自分が見ていた」と主張しています。甲弁護士も、このような事情があれば、Xが監護権を取得できる可能性が高いと考えました。

　ところが、実際に調停が始まると、Xは子育てをYに任せっきりにしており、子育てにほとんど関与していなかったことが判明しました。

　離婚を決意した後、親権を取得するために子育てに関与するようにはなりましたが、その関わり方も出勤の際にAと一緒に駅まで歩いていく、休日にAの宿題を手伝うという程度でした。

　今後どのようにAを育てていくかについても、Xは「子どもにとって良い環境を用意する」と繰り返すばかりで具体的に何も考えていませんでした。甲弁護士は、XにはAの監護養育は無理だと感じ、頭を抱えてしまいました。

1　失敗の原因

　甲弁護士には、仮にXがAを引き取ったとして、Aを育てることができるかという視点が欠けていました。その結果甘い見通しをしてしまいました。

　本事例のように、子育ては母親がワンオペで行い父親は時々子どもと関わるという生活をしている家庭は少なくありません。実際に子育てにほとんど関与していない親が子どもの親権等を争う場合、日中子どもが何をしているのかが分からない、通っている学校や塾の名前が分からないといった事態が生じることも少なくありません。裁判所から子どもの監護状況に関する陳述書の提出を求められたが、記入欄を埋めることができずに困ったという経験をしたことがある弁護士は少なくありません。

　子どもの親権や監護権を争う場面では、依頼者が子どもを監護養育できるかといった視点が重要です。

　具体的な監護状況や将来の養育環境について、具体的にヒアリングすることによって、甲弁護士のような失敗を防ぐことができます。

2　親権者の指定と監護者指定の関係

　監護者の指定は①共同親権下のもとに別居する夫婦間で監護者を定める必要がある場合や、②離婚に際し親権者とは別に監護者を定める必要がある場合、③離婚後に親権者とは別に監護者の指定を求める場合、等に行われます。

　しかし、親権と監護権を分離させた場合には、通常、その円滑な行使は期待しがたく、子どもの福祉に反する結果を生ずることから、特段の事情がない限り、親権と監護権は分離すべきでないとする審判例もありますので、**安易に親権と監護権を分属させることは避けなければなりません**。

　監護者指定の審判で考慮される判断要素は、監護継続性の原則、

母親優先の原則、子どもの意思尊重の原則、兄弟姉妹不分離の原則、監護姿勢、監護補助者の有無等です。これらの判断基準は、基本的に親権者指定の審判において考慮される判断基準と同様となります。（判断要素については、**第4章21**をご参照ください）そのため、別居期間中に監護者に指定された親が、離婚後は親権者となることが多いです。

3 子どもの引渡し請求と監護者の指定の関係

　別居中の夫婦の一方が他方に対して、子どもの引渡しを求める方法の1つに、**子どもの監護に関する処分として**子どもの引渡しを請求する方法があります。実際は、子どもの引渡しを求める場合、**子どもの監護者が定まっていないケースがほとんど**です。その場合には、子どもの引渡し調停と監護者の指定の調停を同時に申し立てる必要があります。

　子どもの引渡し請求の方法としては、**人身保護請求による**方法も考えられます。しかしながら、人身保護法に基づく子どもの引渡し請求については、拘束者も親権に基づき子を監護しているため、その拘束の顕著な違法性が認められるためには、「拘束者が右幼児を監護することが子の幸福に反することが明白であることを要する」と解されています（最判平5.10.19判時1477号21頁）。そのため、なかなかハードルが高いです。

4 子の監護状況に関する陳述書の作成

① 陳述書の作成

　親権や監護権を争う場合、裁判所より子どもの監護状況に関する陳述書の作成を求められるケースが少なくありません。子どもの監護状況の陳述書では、次のような事項の記載が求められます。

② 同居親側の記載内容について

ⅰ 同居親に関する事項

①成育歴（学歴、職歴、婚姻歴、転居歴等）

②就労状況、経済状況（収入、主な支出、負債の有無、勤務先、仕事の内容、勤務時間、休日、通勤方法、残業の有無等）

③心身の状況

④家庭の状況（１日のスケジュール（平日・休日の別）、住居の状況、同居者の状況）

ⅱ　子に関すること

①成育歴（同居家族、居住地、保育園、幼稚園、学校名等）

②別居前の監護の実情（食事の支度、食事の世話、入浴、洗濯、寝かしつけ、保育園への送迎・対応等）

③心身の状況

④現在の生活状況（１日のスケジュール、保育所・幼稚園・学校での状況等）

⑤監護補助者の有無

⑥別居後の監護の実情（食事の支度、食事の世話、入浴、洗濯、寝かしつけ、保育園への送迎・対応等）

⑦別居親との交流の状況

⑧紛争に対する子どもの認識の程度

ⅲ　今後の監護方針

①予定している監護環境及び姿勢（親族等による監護補助の対応）

②今後の養育方針

③別居親と子どもの面会交流の在り方

③　**別居親側の記載内容について**

ⅰ　別居親に関する事項

①成育歴（学歴、職歴、婚姻歴、転居歴等）

②就労状況、経済状況（収入、主な支出、負債の有無、勤務先、仕事の内容、勤務時間、休日、通勤方法、残業の有無等）

③心身の状況

④家庭の状況（１日のスケジュール（平日・休日の別）、住居の状況、同居者の状況）

ii 子どもに関すること

①成育歴（同居家族、居住地、保育園、幼稚園、学校名等）

②別居前の監護の実情（食事の支度、食事の世話、入浴、洗濯、寝かしつけ、保育園への送迎・対応等）

③心身の状況

④別居親との交流状況（面会交流の実施状況）

iii 今後の監護方針

①予定している監護環境及び姿勢（親族等による監護補助の対応）

②今後の養育方針

③同居親と子どもの面会交流の在り方

④ **記載時の注意点**

子どもの監護に関する陳述書を記載する際は、依頼者が実際に子どもの監護を行ったとしても、**問題なく監護養育ができることを裁判所に印象づける**ことを目的に作成する必要があります。

しかしながら、依頼者が別居前に子育てに参加をしていなかったようなケースでは、別居前の監護の実情に記載できるエピソードが極端に少なかったり、子どもが通っていた保育園や幼稚園、子どもが通っている小学校の名前すら把握していないといったケースは少なくありません。

また、親権や監護権を争っているにも関わらず、実際に子どもを引き取ったとしても、子どもの面倒をみることができる人が誰もいないというケースも少なからず存在します。

代理人としては、今後の見通しを判断する上でも、冷静に依頼者の監護養育能力の有無を判断する必要があります。

こうすればよかった

甲弁護士としては、期日の前に、子どもの監護状況等についての詳細なヒアリングをしておけば良かったのです。調停の申立ての後、**第1回期日の前に**、子どもの監護状況に関する陳述書を作成しておくと、同時に必要な事項のヒアリングができるのでお勧めです。また、陳述

書作成に併せて、Xに、子どもを引き取った場合、どのように監護養育していくのかの**監護計画**を作成させれば良かったです。

　計画を立てるなかで、夕食は誰が準備するのか、学校から帰った後の生活はどうするつもりなのかといった監護上の問題点を指摘し、現実に子どもを育てられるのかを依頼者と一緒に検討し、監護環境を整える等の調整をすることで、将来の子どもの監護環境を整えることも可能となります。

　日頃子育てに参加していない親の中には、子どもを1人で育てるイメージが持てない方もいらっしゃいます。そういった方は、毎日のお弁当をどうするのか、学校のプリントはどうしているのか、といった日常生活の視点が欠けていることが少なくないので、代理人側のフォローが必要です。

　ただし、子どもの養育に関する視点が欠けていることを、あまり細かく指摘しすぎると、依頼者との信頼関係を破壊しかねません。

　本事例では、甲弁護士は、Xに対して、できる限り監護養育のための環境を整えるよう促した上で、裁判所の判断に委ねるのが得策です。

✸ これがゴールデンルールだ！

イクメンは1日にして成らず。**監護権を取得したければ、日ごろから子育てに参加していることが必要。**離婚の段階で慌てても後の祭りである。

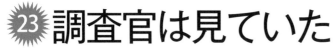

㉓ 調査官は見ていた

〈調査官調査〉●●●●●●●●●●●●●●●●●●●●●●●●●●●●●●●●▶

失敗事例 普段どおりの生活を見せて

　甲弁護士は、X（女性）から離婚事件を受任しました。

　Xと夫Yとの間には、10歳の子どもZ（男児）が1人います。

　別居中の夏休み期間中にYがZを預かって以降は、YがZの養育をしています。XY共に離婚する意思は固まっていたものの、Zの親権については双方とも譲らない状況であったことから、Xは離婚調停を甲弁護士に依頼しました。

　調停の回を重ねてもXY互いに親権を譲らないことから、いずれが親権者として適格かを判断するために調査官による調査をすることとなりました。

　調査の一環としてX宅とY宅とを調査官が訪問しました。

　Xは甲弁護士に、「調査官調査を受けるにあたって家の中は掃除をしてきれいにしておいた方がよいのか」と尋ねました。甲弁護士は調査官調査の経験がないのでよく分かっていませんでしたが、「大掃除をするくらいきれいにしておいた方が評価も上がるのではないか」とアドバイスしました。Xはこのアドバイスに従って、徹底的に大掃除をして、モデルハウス並みに整理整頓して、調査の日を迎えました。

　調査官調査が終わって調査報告書を見ると、そこには「自宅内は整理整頓がされていて清潔感がある。しかし、生活感が全く見られず、これではZがX宅に戻ってきた場合に自分の居場所に困り情緒不安定にならないか心配である」との指摘がされていました。これを見た甲弁護士はこのままではYに親権が認められてしまうと大いに焦ってしまいました。

1 失敗の原因

　家庭訪問は、日常の子どもの生活や監護親による監護の現状等を直接把握することを目的としています。親権者の適格性調査や、子どもの監護状況調査に併せて監護態勢調査がある場合には、非監護親の監護態勢を把握することを目的として、非監護親宅に家庭訪問することもあります。つまり、調査官としては、子どもの生育にとっていずれが相応しい環境にあるのかを家庭訪問によって調査するのですから、**訪問先の家庭環境があまりにも生活感に乏しく、非日常的であれば、そのような環境が子どもの生育にとってよろしくないと判断されてしまう**のもやむを得ないところがあります。そうはいっても、ありのままを曝け出して散らかり放題でよいかというと、それはそれで調査官の指摘を受けるおそれもあります。

　したがって、相談を受けた弁護士としては、**予め自ら家庭訪問をして状況を確認**する必要があろうかと思われます。甲弁護士としては、Xの家庭環境を十分把握せずに型どおりの回答をしてしまった点に、失敗とは言い切れませんが、判断の拙さがあったと思われます。それでは、調査官調査がどのように行われるのかを確認してみましょう。

2 調査の類型

　調査の類型としては次のようなものがあります。

①子どもの監護の現状が子どもの福祉に適うものかどうかを把握し、明らかにすることを目的とする、**子どもの監護状況**についての調査（併せて、非監護親が子どものためにどのような監護態勢を整えているかを把握することを目的とする、子どもの監護態勢についての調査を行うこともある）。

②親権の帰趨についての意向等を把握することを目的とする、**子どもの意向**調査。

③それぞれの親の親権者としての適格性を検討し、いずれを親権者に

指定するのが相当かを明らかにすることを目的とする、**親権者の適格性**調査。

3　事実の調査

　双方の主張及び立証活動に基づいた審理を補う形で行われるので、親権者の指定に争いのある事実の全てにおいて行われるわけではありません。調査官調査が検討されるのは、子どもの監護状況や意向等の把握や親権者の適格性の判断に際して、子どもの発達や両親の紛争下にある子どもの心理など、行動科学等の専門的な知識や技法を活用し、**子どもの福祉の観点から評価**することが求められる事案で、かつ当事者が提出した**証拠や法廷における尋問等のみでは裁判官の心証を形成することが難しい事案**です。

4　調査官調査の内容

　調査官は、双方の主張書面のほか、陳述書や各種資料等の書証を参考に、調査対象や調査方法、聴取内容等について裁判官と協議します。具体的には、監護親及び非監護親の調査、家庭訪問による子どもや監護親、監護補助者（同居している子どもの祖父母など、現に日常的に子どもの監護を補助している者）の調査、児童室における子どもの調査、保育園等第三者機関の調査などが検討されます。

5　家庭訪問による調査

　家庭訪問は、日常の子どもの生活や監護親による監護の現状等を直接把握することを目的としています。親権者の適格性調査や、子どもの監護状況調査に併せて監護態勢調査がある場合には、非監護親の監護態勢を把握することを目的として、非監護親宅に家庭訪問することもあります。

　調査官は、家庭訪問時、その家庭に身を置き、行動科学等の専門的知識や技法を用いて、子どもや家族と面接したり、**子どもの様子や子どもと監護親との関係、その他の家族との関係等を観察**します。家庭

訪問の際には、子どもと日常的に関わっている家族に在宅してもらうことを求めるほか、逆に子どもの友人等が遊びに来ているなどのことがないように、理解と協力を求めています。

家庭訪問による調査の際には、調査対象の**家族全員が同席**する形で面接を行うだけではなく、**監護親と子どもとだけ**面接したり、必要に応じて**子どもと個別**に面接したりすることで、それぞれの場面での子どもの様子を観察するとともに、子どもの心情等の把握をしています。さらに、必要に応じて、監護補助者と個別に面接することもあります。このような様々な場面の設定は、調査官が、調査の目的や提出されている陳述書や監護親及び非監護親との面接の結果等を参考にして、事案ごとに事前に検討しています。

6　子どもとの面接

一般的に、日常生活のことや学校のことなど、子どもにとって話しやすい**日常的な話題から入っていく**ことが多いようです。調査官は、子どもの言葉の理解力、表現力に合わせた問いかけをするようにしており、言葉でのやりとりだけでなく、イラスト等を用いて問いかけることもあります。特に、親権を争っている事案では、親権者についての意向を尋ねる場面において、親権についての子どもの理解の程度に応じて、改めて平易な言葉で親権の意味を説明しています。小学生とか中学生の子どもに向かって、「親権者とは」と法律上の定義を持ち出して説明しても、当の子どもは面食らうだけです。少年審判に立ち会った経験があれば、その時の調査官や裁判官の口調をイメージしてもらうと分かりやすいと思います。

家庭訪問における面接では、少しの間、監護親に席を外してもらって子どもから話を聞くようにしており、住居が狭く部屋数が少ないなど、監護親等の影響を受けずに面接できる部屋がないような場合には、監護親等に少しの間、外出してもらうこともあります。

面接を終了する際には、再度、子どもに対して、調査の結果は裁判官に報告されること、父母双方にも伝わることを告げ、聴いたことを

調査報告書に記載してもよいかなどを確認しています。

7　住居の状況に関する具体例

　では、具体的に家庭訪問に関してはどのように報告されているのでしょうか。実際にあった事件の報告書を守秘義務に抵触しない内容に編集した上で紹介します。

　「自宅は、２階建ての一戸建てで、間取りは5LDK である。全体として段ボール箱等が片付けられていない部分はあるものの、物置として使われている２階洋室以外は使用又は通行が可能であり、ほこりなども特になく清潔であった。１階のダイニングは、壁際に段ボール箱等の荷物が置かれていたものの、使用に支障はなかった。」

　「ダイニング奥のキッチンには洗い物途中の茶碗や器が置かれており、ホーロー鍋がガス台に載せられたままになっており、また味噌汁の匂いがかすかに残っていて食事が終わって直ぐだったことが分かる。」

　「２階の和室は父が自室として使用しており、整理整頓されていた。２階の洋室は、物置として使用されており、ドアは開けられるものの、段ボール箱等が腰の高さ程度まで部屋一面に積まれており、ほとんど部屋の中に入ることができなかった。階段わきの廊下は壁際に荷物が入った段ボール箱が一列に並べられており、通行できる範囲が狭くなっているが、歩くのに差し支えない程度であった。」

　「風呂、１階及び２階のトイレは、掃除されている様子で、衛生的であった。」

　いかがでしょうか。部屋の使用状況や風呂・トイレの清掃状況は当然のこととして、「味噌汁の匂い」までも嗅ぎ分けるなど、**五感の作用をフル動員しながら調査している**ことが分かるかと思います。

こうすればよかった

　相談を受けた弁護士としては、忙しくなければ自ら家庭訪問をして状況を確認する必要があろうかと思われます。

交通事故案件や刑事事件では事件現場に足を運ぶことで事実が見えてくることがあるといわれていますが、家事事件においても同じです。自ら現場に足を運ぶことで「肌感覚」で分かることもあります。特に、未成年の子どもが今後いずれの親元で生育を重ねていくことがより望ましいのかという、その子どもの人生にとって重大なことを、依頼者からの説明を聞いただけで済ませたり、あるいは自宅内の様子を写真や映像を見ることで済ませたりするだけでは判断することはできません。そこで、**不安に思ったら、調査官調査に先立って、依頼者宅に足を運んで**自らの五感をフル活用して、家庭環境を調査して判断する必要があろうかと思います。

　甲弁護士もXの自宅に足を運んで家庭内を実際に見て、Zの生育にとって相応しい家庭環境かどうかをXと共に話し合っていれば、調査官の家庭訪問時の報告書もXにとってよいものになったのではないでしょうか。ただし、ここで述べたのは、取りあえず形式だけでも整えて調査官の印象を良くしようとする「下心」を画策するのではなく、依頼者と一緒になって相応しい親権者とは、子どもの将来のためにより良い家庭環境とは何か、を考えましょうということですので、誤解のないようお願いします。

これがゴールデンルールだ！

家事事件でも現場主義を貫こう！

㉔ 細く長いお付き合い
〈面会交流〉 ・・・・・・・・・・・・・・・・・・・・▶

失敗事例 子どもにだって都合はある

> Ｘは５年前にＹと協議離婚をし、その際、長女Ａ（現在15歳）と長男Ｂ（現在13歳）の親権を取得しました。離婚後にＹは海外赴任になったため、面会交流は実施されていませんでしたが、昨年、帰国をきっかけに、面会交流の実施を求め、面会交流調停を申し立てました。
>
> 甲弁護士は、Ｘより依頼を受け、面会交流調停の代理人に就任しました。
>
> 調停において、Ｙは、面会交流の重要性を主張し、月２回の面会交流の実施を求めてきました。Ｘは調停でのやり取りに疲れ投げやりになってしまったことや、Ｙの主張する面会交流の重要性について納得してしまったこともあり、Ｙの主張に沿った内容での合意を希望しました。甲弁護士も、Ｘが合意するのであればと考えたため、面会の回数を月２回とする内容で調停は成立しました。
>
> 調停成立直後は、Ｘが面会交流に行くよう子ども達を説得し、面会交流を実施していました。しかしながら、次第にＡが「受験勉強に集中したい」と言って面会交流を拒絶するようになりました。またＢも「部活を優先したい」と言って面会交流に行かなくなりました。
>
> 面会交流が実施できないことについてＹは激怒しており、Ｘもどうしてよいのかわからず戸惑ってしまい、再度、甲弁護士のもとに相談に来ました。

解説

1　失敗の原因

　子どもは日々成長しており、生活様式も成長の過程で大きく変化し

ます。また、子ども達も年齢に応じては習い事や塾、部活等で忙しい日々を送っていることも少なくありません。

　面会交流の意義を強調するあまり、こういった子どもの生活等を無視してしまっては本末転倒です。

　しかしながら、子どもと離れて暮らしている親に、現在の子どもの生活の実情を理解してもらうことは、必ずしも容易ではありません。

　特に長期間面会交流が実施されていないようなケースでは、**非監護親には別居後の子どもの様子が分からず、別居時のイメージで話を進めざるを得ない**ため、このような傾向が顕著となります。

　面会交流の事件については、一定の結論（合意、審判、判決等）に至った後、当事者双方、そして何より子どもが、継続的、安定的に面会交流を実施することが重要となります。

　継続的、安定的な面会交流を実現させるためには、子どもにとって無理のない日数や時間で実施することが重要となります。

2　面会交流事件における代理人としての視点

①　子どもの最善の利益の重視

　面会交流事件の依頼者は、父又は母であり、面会交流について一定の希望を有していることが通常です。別居又は離婚に至る経緯や原因、これまでの婚姻生活等から互いに不信感や警戒感を有していることも少なくありません。代理人としては、依頼者の希望をよく聞き、その実現のために尽力をすることが基本となりますが、同時に、どのような形で面会交流を実施していくことが**子どもにとって最も望ましいか**という視点を持つことも重要となります。そのため、依頼者の意向をそのまま取り入れるのではなく、依頼者と一緒に子どもにとって望ましい面会交流は何かを一緒に考えるなどして、子どもの利益に沿う形の面会交流の実現に向けて活動をしていくこととなります。

　もっとも、代理人の考えを一方的に押し付けるような話をすると、依頼者が代理人に対して不信感を抱いてしまいかねません。したが

って、依頼者の話を傾聴し、依頼者との信頼関係を構築することがその前提となることに留意が必要です。

② 相手方との協力関係の構築へ向けた配慮

面会交流事件は、一定の結論に至れば、その後当事者が関わり合いを持たなくなるという事件類型ではなく、その後長期に渡って当事者が協力していくことが求められるという事件類型です。

面会交流事件においては、相手方や相手方代理人との関係においても、「子どもの健全な育成」の実現のために、できるだけ協力関係が構築できるよう配慮する必要があります。

特に非監護親は、子どもに会えないという状況から、監護親に対して批判的な主張立証を行うことがあります。しかしながら、このような主張立証を行うことが、**将来的な協力関係の構築を困難にさせる要因**となることも少なくありません。代理人としては、どのような主張立証を行うのかについて慎重に判断するとともに、結論の見通しや、主張や証拠の提出によってもたらされる不利益についても、依頼者に十分に説明を行う必要があります。

③ 実現可能な合意の獲得に向けて

面会交流に関する合意に際しては、その合意の内容が、代理人や裁判所が関与しなくなった後も実現可能な内容であることが必要となります。そのためには、合意成立前に、当該取り決めが現実に**実現可能なものであるかどうか**をあらかじめ検証することが望ましいです。

具体的には、大まかな面会交流の条件の合意ができた段階で、**試験的に面会交流を実施**し、不都合を調整していくことが望ましいです。それが難しい場合であっても、事前に少なくとも1回は予定している内容で実際に面会交流を実施すべきです。

そのために、面会の禁止や制限を争わない事案については、できるだけ早期に裁判所や相手方に対して「合意成立前に、試験的に面会交流を実施して、取り決めが現実に実現可能なものであるかどうかを何度か確認したい」旨を伝え、確認・検証を繰り返しながら面

会交流の条件を定めることについての合意を得る必要があります。

　試験的な面会交流を実施することで、合意成立後の面会交流のイメージを当事者双方で共有することができますし、非監護親も子どもの成長を実感することができるので、子どもの生活等に対する理解を得られやすくなります。一度書面による形で合意をしてしまうと、当事者間での変更の話し合いを進めることが難しいことも多いため、事前にこのような実施確認を行うことは非常に有益です。

3　子どもの意思の把握と尊重

　面会交流の取り決めは子どもの利益を最優先として考慮すべきです。また、子どもは、面会交流事件の当事者ではありませんが、実際の面会交流の場面では当事者となります。そのため、仮に子どもの意思に反するような方法で面会交流の取り決めを行ったとしても、それを理由に子どもに面会を拒絶されてしまっては意味がありません。そのため、面会交流の取り決めを行う際には、**子どもの年齢や発達段階、心身の状況等に応じて**、子どもの意見を十分に尊重する必要があります。

　調停・審判においては、子どもの意思は、通常、家庭裁判所調査官により調査・把握されることになります（調査官調査については、**第4章23**参照）。

　もっとも、すべての事案について調査官調査が行われるわけではありません。調査官調査を行う場合でも、調査官調査に先立ち、監護親や監護親の代理人が子どもの意思の聴取を行うことも少なくありません。監護親や監護親の代理人が、子どもの意向を聴取する際は、できるだけ自由な意思表明ができるよう工夫する必要があります。また、監護親の代理人は、子どもの表面的な言動に囚われることなく、子どもの言動の背景事情まで踏み込んで子どもの意思を慎重に把握する必要があります。

　事案によっては、**子どもの手続代理人制度**（家手法23条）を利用して、子ども自身に代理人をつけることが望ましいこともあります。

4 合意事項の変更

　一度成立した面会交流の取り決めについても、当事者間の話し合いにより変更することは可能です。しかし、本事例のように面会交流が実施されていないことによって相手方が激怒していたり、双方の信頼関係が構築できていないような場合には、当事者間で話し合いを行うことが困難となります。そのような場合には、**再度、面会交流調停を申し立て**、調停手続の中で、変更のための話し合いを行う必要があります。もっとも、面会交流が実施されていないことに対する相手方の不信感が強い場合には、合意内容の変更に応じてもらえないことも少なくありません。

　本事例のように、事情により面会交流の実施が困難なときは、その都度**面会交流を実施できない理由を説明**し、事前にできるだけ**相手方に理解を求める**必要があります。子どもがある程度大きい場合には、事前に子どもから非監護親に対して「受験勉強が大変である」や「部活に真剣に取り組んでいる」といった事情を伝えてもらうことで、合意内容の変更の交渉がスムーズに進むことや、非監護親の協力が得られることもありますので、子どもの生活状況の伝え方を工夫することも重要です。

　また、直接の面会が困難なときは、手紙のやりとりをしたり、メールやSNSを利用して写真や動画のやりとりを行うなどによって、面会交流（間接交流）を行うこともあります。

こうすればよかった

　調停成立直後から、Xが子ども達に面会交流に行くよう説得していることからすると、月2回の頻度で面会交流を行うことについて、**子ども達は同意していなかった**ものと考えられます。甲弁護士としては、Xに対し面会交流の頻度や場所、方法等について、子ども達とよく相談するように促すべきであったと思われます。

　また、本事例では、Yは5年間もの間、子ども達と会っていません。月2回の頻度による面会を求めた背景には、子どもたちについて、5

年前のイメージしかない可能性もあります。本事例では、調停を成立させる前に、何度か試験的に面会交流を実施し、ＹにＡやＢの成長を感じてもらうとともに、ＡやＢに対しても面会交流の負担感等を検証してもらうことで、継続可能な内容で、合意を成立させることができたものと考えられます。

　投げやりになってしまったＸに対してどのような働きかけを行うかについては、悩ましい問題ではありますが、実現が難しい内容で合意をしてしまうと後で面倒な事態が生じることを説明しつつ、本当にその内容で面会交流を継続していくことが可能かどうかを真剣に考えるよう促すことが望ましいです。

　面会交流の回数についても、月１回以上、年３回以上といった、**幅のある回数を定め**、Ｙと子ども達との間の合意があれば、Ｙが希望する月２回の面会を可能とする内容で合意を行うことも可能です。もっとも、相手方が過剰な要求をしてくる場合に、幅のある合意をしてしまうと、合意後に再び過剰な要求を行ってくることもあるので、事案に応じた工夫が必要となります。

これがゴールデンルールだ！

調停成立前の試行錯誤は面会交流事件解決への近道。

㉕ 面会交流、どこでやる？

〈非監護親の面会交流〉 ‥‥‥‥‥‥‥‥‥‥‥‥‥ ▶

失敗事例 適当に決めたらダメだった！

　甲弁護士は、男性Ｘからその妻であるＹとの離婚事件を受任し、調停を進めていましたが、財産分与や、子どもであるＺ（男性5歳）の親権はＹが持つことなどは合意に至り、あとは面会交流について定めるだけになりました。

　しかし、甲弁護士は面会交流について具体的なイメージが湧かないまま、月に1回、場所と時間はＸとＹが協議して定めるとだけ決めて調停を終わらせてしまった結果、後日Ｘから、「Ｙから全く連絡が来ず、Ｙも連絡を返してくれないので面会交流ができない」との連絡が来ました。

解説

1　失敗の原因

　面会交流について、監護親は消極的な場合が多いので、当事者間の連絡に任せていると全く実施されなくなってしまうことが少なくありません。甲弁護士は調停成立時に、しっかりと現実的な具体案を作成しておくべきでした。

2　具体的な面会交流方法決定の流れ

① 概論

　第4章24 2③で述べたとおり、実現可能な合意をするためには、その合意の内容が、代理人や裁判所が関与しなくなった後も実現可能な内容であることが必要です。そのためには、**合意成立前に**、当該取り

決めが実現可能なものであるかどうか予め検証することが有用です。

② **具体的な検証内容**

ⅰ 頻度

　月に一度から週に一度まで事案により色々ありますが、子どもが小さいうちは、面会交流の度に監護親と非監護親が顔を合わせなくてはなりません。また、子どもにとっても年齢によってはそれほど頻繁に非監護親に会うと疲れてしまう子どももいます。そのため、**双方にとってあまり負担にならない頻度**とすることが重要です。逆に、子どもが小学校高学年以上になり、そこまで監護親と非監護親との間で連れ去りをしないなどの信頼関係ができていれば、週末の度に非監護親の家に泊まりにいく、などの事例も可能です。

ⅱ 曜日、時刻

　月に一度の場合、例えば「毎月第2日曜日の午後2時から4時まで」というように、曜日と時刻を指定することがあります。この場合、その曜日と時刻が、子どもと、監護親と非監護親の双方にとって、保育園、幼稚園、学校や、仕事や他の用事との関係で無理のないものかどうか検討する必要があります。

ⅲ 場所

　場所について、その子どもがよく行く公園などを指定する場合もあります。まずは、その指定場所が子どもと、監護親と非監護親双方の住所から行き来に無理がない場所であるかどうかを考える必要があります。また、天気によっては他の場所に移ることもありますし、ただでさえ幼い子どもは気まぐれですから、その場所を移りたがることもあります。それを踏まえて、児童館などの**屋内施設と併設した公園などを指定するのも便利**です。なお、利用が有料である場合には負担についても決めておく必要があります。

③ **検証**

　これらを一旦決めた上で、まず試行してみることが重要です。その際には**双方代理人も同行**することが望ましいでしょう。実際にやってみると案外不都合が出てきますので、そこを修正していきます。

また、このような機会を経ることで、双方の信頼関係が増してその後の面会交流がしやすくなることも多いのです。

④　変更方法

　なお、一旦決めても、場所や日時は、子どもの体調などによって変更可能なようにしておくべきです。そこで、変更する場合には**誰から誰にどのような手段で連絡をする**、などをしっかりと決めておきましょう。監護親にとっては「子どもの体調が悪ければ行けないのは当たり前」ですが、非監護親にとっては大事な機会であり、何で来られないのか、体調はどうなのか、代替日程はいつか、などが気になるものです。

　そこを前もってある程度決めておく、また、変更方法を決めておくことで、非監護親から監護親に対する不信感を払拭し、その後の面会交流がスムーズに行われることに役立ちます。

⑤　記載

　以上を検証し、ある程度固まったら調書に記載し、実施するということになりますが、**第4章24**にある通り、変更については子どもの事情、成長に合わせて柔軟に行われるべきです。

3　第三者機関の利用

　面会交流の実施に際し、第三者機関を利用することもあります。代表的なものは、公益社団法人家庭問題情報センター（通称エフピック）です（http://www1.odn.ne.jp/fpic/）。

　また、各自治体からNPO法人などに委託して支援事業を行っていることも多いので、それぞれの地域で調べてください。

　このような施設では、面会交流への付添型支援、面会交流の連絡支援、面会交流の受け渡し支援などを行っています。具体的には、調停や協議の成立前に双方当事者が担当者と事前相談を行い、費用の負担割合などを定めた上で、合意内容を作成して協議書や調停に入れて成立させ、それを施設に送付して開始することが多いです。

　これらの機関では専門の相談員がつくことも多く、裁判所とは異な

る第三者的な立場から、双方の感情をほぐした上で面会交流を実施してくれることがあります。

4　代理人の立ち合い方

当初、面会交流に代理人が立ち会うことは多いですが、立ち合い方は様々です。双方代理人が立ち会うのが最もトラブルが防げそうですが、代理人の日当の負担が双方に生じますし、見慣れない大人が2人もいることで、子どもが不審に思うことがあります（代理人が強面の男性なら尚更です）。

ですので、代理人間で信頼関係がある場合には、連れ去りの防止などを約した上で片方ずつ立ち会ったりすることもあります。なお、場所が児童館などの場合、スーツ姿で行くと施設の職員が何事かと構える場合がありますので、TPOに応じて服装や居場所には注意が必要です。当職は以前髭を生やしており、スリーピースにトレンチコートで面会交流の立ち合いに行ったところ、児童館で入館を断られそうになったことがあります。

こうすればよかった

面会交流の方法を、なるべく具体的かつ現実的に決めておくべきでした。

これがゴールデンルールだ！

監護親と非監護親は、夫婦ではなくなったが、子どもの親という点で縁は切れない。この縁を大事にできるような環境をつくることも代理人の仕事。
双方の信頼関係を醸成するために、なるべく双方が続けられるような無理のない面会交流条項を作成することが重要。

第5章

資力にまつわる失敗

26 お金がなくても離婚はできる

〈社会保障の利用〉

失敗事例 準備はお金のあるうちから

　甲弁護士はＸより、「夫のモラハラを理由に離婚をしたい」との相談を受けました。Ｘの手元には100万円ほどの貯金があります。

　法律相談の結果、Ｘは貯金が財産分与の対象になること嫌い、貯金を使い切った後に別居すると決めました。

　100万円を使い切った後、Ｘは再度甲弁護士のもとに相談に来ました。ところが、別居しようにも、周囲には頼れる親族はおらず、生活保護の申請に行っても、夫の収入を理由に断られてしまいました。

　甲弁護士もどのようなアドバイスをしてよいのか分からず、困り果ててしまいました。

解説

1　失敗の原因

　別居後の生活や離婚後の生活を考えた場合、住居の確保は必須の問題です。当然に引っ越しにはお金が必要となりますが、特に妻側の代理人に就く場合には**お金の確保が重要な問題**となります。

　また、引っ越し費用の工面が難しいケースもありますので、その場合には、公的扶助を利用することになります。弁護士に社会保障の知識があることが一番望ましいですが、複雑な社会保障制度を完全に網羅することはほぼ不可能です。他方で、本人の生活が安定しなければ、離婚どころの話ではありません。専門家や専門の窓口等を案内できるようにしておくと、事件処理もやりやすくなります。

2 相談窓口

① 行政の相談窓口

　公的な相談窓口はたくさんあるけれども、どれが使えてどれが使えないのか分からない。どこに相談していいのか分からない。弁護士でさえそう思うほど、行政の窓口は複雑です。

　いざ相談に行っても「それはうちの担当ではありません」と断られることも少なくありません。そこで、著者が実際に利用を勧めている窓口を紹介いたします。

　なお、行った相談先で法律相談や法テラスを案内されないように、依頼者には「**弁護士に相談に行ったら、こちらでも相談するようにアドバイスを受けた**」と話してもらうと良いです。

② 依頼者が女性の場合

　依頼者が女性の場合には、自分の住んでいる市区町村（移転先が決まっている場合には、移転先市区町村）の「**女性相談**」を利用することをお勧めします。公営住宅の紹介や、生活保護の申請、子どもの学校等についてのアドバイスや使える公的サービスを紹介してくれます。また DV 事案の相談も受け付けており、**第 6 章30の 3** で紹介する住民基本台帳事務における支援措置を行う場合や、シェルターの紹介等もしてくれます。また、戸籍課や生活支援課等に情報の引継ぎをお願いできますので、健康保険証の発行や生活保護申請の手続等が比較的スムーズに行えます。

　女性相談は**事前相談制を採用しているところがほとんど**ですので、事前の予約を取るようにしてください。

③ 依頼者が高齢者の場合

　依頼者が高齢者の場合には、**地域包括支援センター**の総合相談窓口が利用できます。地域包括支援センターといえば、介護の相談を行うイメージが強いですが、生活の総合相談を行っていますので、離婚後の生活に関する相談も可能となります。高齢者でも入居可能な不動産を探す際に力になってくれることもあります。

なお、高齢者向けの支援については、60歳以上が使える支援と、65

歳以上でないと使えない支援があり、複雑なので注意が必要です。専門家に任せましょう。

3　生活保護の利用

①　生活保護とは

収入がない、貯金等もない事案では、福祉事務所（市の生活支援課）に生活保護の申請をします。申請先は、**現在の居住地を所管する福祉事務所**となります。住民票上の住所地である必要はありませんので、生活保護の申請のために住民票を移す必要はありません。

②　民事法律扶助と生活保護

生活保護受給者が日本司法支援センター（法テラス）の民事法律扶助の代理援助を利用した場合、一般的には償還金は支払猶予となります。しかし、事件が終結した際に生活保護を受給していたとしても、依頼者に婚姻費用や財産分与が入った場合には、そこから**償還金を返還する必要**がありますので注意をしてください。

③　扶養義務と生活保護

生活保護制度の下では、扶養義務者による扶養は生活保護に優先されます。しかしながら、生活保護の申請を行うようなケースでは、相手方が婚姻費用等の支払いを拒絶しているケースがほとんどです。

このような場合には、後日、養育費等を回収できた場合に、**最低生活費を上回る金額を返還すること**を条件に、生活保護の受給が認められます。また、財産分与の額によっては、生活保護が廃止されることがあります。そのような扱いになるのかは、ケースバイケースですので、きちんと福祉事務所の担当ケースワーカーと協議する必要があります。また依頼者が、回収したお金はすべて手元に残せると勘違いしていることがあります。よく注意してください。

④　収入認定

相手方から支払われた養育費や財産分与は、生活保護では「収入」として取り扱われます。しかし、依頼者は前述のように回収したお金から法テラスの償還金や弁護士報酬を支払わなければならないの

で、回収したお金の全額を「収入」として扱われると生活ができなくなります。

　そのため、依頼者が支払った法テラスの償還金や弁護士報酬等は、生活保護制度との関係では、養育費等を取得するための**「必要経費」**として扱い、収入として認定しない取り扱いになっています。必要経費の額を明らかにするため、後日、法テラスの決定書や、弁護士作成の精算書等の提出を求められることがありますので、事前に、市の担当ケースワーカーに見せるよう、依頼者に指示をしておくことが望ましいです。

　なお、経験の浅いケースワーカーの中には、弁護士費用等が「必要経費」として取り扱われることを知らない人がいます（過去に筆者もそのようなことを言われたことがあります）。そのようなときは、「弁護士が関与しなかったらこのお金は回収できなかったのだから当然『必要経費』にあたる！！」と教えてあげてください。

4　生活保護の手続の流れ

■生活保護の支給までの流れ

① **生活保護の相談・申請**

　生活保護の申請の手続は、福祉事務所に①事前相談を行った上で②生活保護の申請の手続を行うことが一般的です。

　事前相談を行った際、「後日申請に来てください」といわれることがありますが、①と②の手続を**同日中に行うことは可能**です。ただし、時間がかかるので、相談と申請を同日中に行うときは、午前中か、午後の早い時間に窓口に行くことをお勧めします。

　生活保護申請後**14日以内**に、家庭訪問があることが多いです。

　生活保護の受給ができるかどうかについての判断は、生活状況や

資産を調査した上で、原則申請日から14日以内（調査に日時を要する特別な事情がある場合には最長30日以内）になされます。生活保護の受給決定がなされたとしても、支給日までに生活保護費はもらえないことに注意が必要となります。生活保護の申請時に併せて**支給日を確認する必要**があります。生活保護を申請してから、生活保護費の支給があるまでの当座の生活費がない場合には、社会福祉協議会が実施する臨時特例つなぎ貸付制度を利用し、生活費を借り入れることができます。

② 　**生活保護申請に必要なもの**

　　生活保護申請をするにあたって必要な書類等は特にありませんが、一般的に持参することが望ましいとされる資料は次のとおりです。

■**申請時に持参するとよい資料**（※なくても生活保護の申請は可能です）

住居	賃貸借契約書・住居入居許可書・家賃証明書
家賃	家賃通帳・領収書・納付書・振込通知・家賃決定通知書・家賃証明書
預貯金	世帯全員、すべての通帳を記帳して持参
保険	生命保険、簡易保険、教唆保険、互助会、学資保険の保険証書・保険の内容等の通知書
年金	年金証書・振込通知書・年金基金証書（通知書）・年金手帳・ねんきん定期便・年金裁定通知書
手当	児童扶養手当、特別児童扶養手当、児童手当の証書
仕事	直近3ヶ月分の給与明細　給与証明書・就労状況申告書
社会保険	雇用保険、労災保険、傷病手当金の保険者証又は通知書
医療	健康保険証・後期高齢者医療証・自立支援医療受給者証、負担限度額認定証、かかりつけ医の診察券
障害	身体障害手帳・精神保健福祉手帳・愛の手帳（療育手帳）
不動産・自動車等	登記簿・固定資産税納付書・車検証・自動車保険証・駐車場契約書
学校	在学証明書・学生証
その他	運転免許証・マイナンバーカード・印鑑（朱肉を使うもの）

③　弁護士の関与

　生活保護の受給資格がありながら拒絶された、申請者が高齢者や障害者などのため自ら申請することが困難である、といったケースでは、**日弁連の法律援助**を利用して、生活保護の同行支援を行うことができます。

　残念ながら、依頼者が1人で行くと門前払いされたが、弁護士が同行することで途端に窓口職員の態度が変わったという事例の報告は後を絶ちません。使い勝手のよい制度なのでこちらの利用も検討してみてください。

こうすればよかった

　本事案は、100万円の預貯金があったのですから、これを引っ越し費用に充てることができていれば悩む必要がなかったものと考えられます。

✳ これがゴールデンルールだ！

弁護士は離婚に関わるすべての問題を解決できない。ときには福祉の手を借りよう。

抜け駆けはダメ、絶対！

〈財産分与と否認権〉••••••••••••••••••••••••••▶

失敗事例 「破産」って、それはないでしょう！

　結婚5年目のXと夫Yは、自宅マンションを購入し、子どもにも恵まれたが、Yの浮気が発覚し、話し合いの結果、離婚することとなりました。Yは全面的に非を認め、「Y名義の自宅不動産を含む全財産をXに渡したい」と申し入れてきました。ところが、Yはギャンブルにものめり込んでいて、消費者金融等から総額4000万円の借金があるのに対し、Yの預金は1000万円しかなく、借金はとても返せないので弁護士に相談中であり、近々自己破産を申し立てる予定であることが発覚しました。

　これを聞いたXは、知人の甲弁護士に相談したところ、甲弁護士は、「ご主人が自己破産すれば、基本的にご主人の財産はすべて債権者に配当されてしまうことになります。ご主人も全財産をXさんに渡したいと言っているのですから、みすみす債権者に分配される前に協議離婚を成立させてすべて渡してもらうのが得策です」とアドバイスしました。

　Xは、アドバイスどおり、「Yとの間で自宅マンションを売却し、住宅ローンを完済した売買残代金2000万円のうち半額の1000万円をXに財産分与するとともに、慰謝料として500万円、子どもの養育費の一括前払いとして500万円を支払う」という内容で協議離婚し、Yは、上記協議内容通りの財産分与、慰謝料及び養育費をXに支払いました。

　ところがその後、突然Xのもとに、Yの破産管財人と名乗る弁護士から、YからXへの財産分与、慰謝料の支払い及び養育費の一括前払いは破産債権者を害する否認行為に該当するため、Yから受領した2000万円を支払うよう求める内容証明郵便が届きました。Xは「話が違う！」と甲弁護士に詰め寄り、甲弁護士は何も言えませんでした。

1　失敗の原因

　甲弁護士は、Ｘの夫が近々自己破産を申し立てる予定であることを
Ｘから聞きながら、夫の全財産がＸに渡るような協議離婚の内容をア
ドバイスしてしまいました。

　後述するとおり、破産の場面では、一部の債権者による抜け駆け的
回収は許されず、総債権者にとって平等に破産者の財産が配当されな
ければならないという要請が強いため、たとえ離婚に伴って財産分与
や慰謝料、養育費が支払われる場合でも、**後になって破産管財人から
否認されてしまうおそれ**がありますので、その取り決め方には十分注
意が必要です。

2　破産申立前の財産分与

　破産申立てに近い時期に夫婦間で財産分与がなされたような場合
に、自己破産を申し立てた配偶者の破産管財人が、財産分与を受けた
相手方配偶者に対して、否認権を行使することがあります。

　否認権とは、破産手続開始決定前に債務者によってなされた債権者
を害する行為の効力を否定して、債務者の財産を破産財団に戻して原
状に復させる権限をいいます。否認権の類型としては、破産財団とな
るべき財産を直接減少させて債権者全体を害する詐害行為否認（破産
法160条）と、特定の債権者が優先的に弁済等を受けることが債権者
平等を害する偏頗行為否認（破産法162条）の２つに大別されます。

　本事例の財産分与は、**詐害行為否認も偏頗行為否認も問題**になりそ
うですが、財産分与の場合は、民法768条３項の趣旨に反して不相当
に過大であり、財産分与に仮託してなされた財産処分であると認める
に足りるような特段の事情がある場合には、詐害行為として取り消さ
れる余地があります（本書**第5章28**参照）。

　もっとも、本事例では、財産分与に限っていえば、自宅マンション
の売却代金から住宅ローンを完済した残り分である2000万円のうち、

その半額の1000万円を財産分与するという内容ですから、一般的な夫婦間の貢献度50対50で考えると、不相当に過大であるとはいえないと思われます。

このような最高裁判例の趣旨からすれば、本事例の財産分与について、詐害行為否認も偏波行為否認も認められる可能性は少ないといえます。

3　破産申立前の慰謝料の支払い

最判平12.3.9民集54巻3号1031頁は、離婚に伴う慰謝料を支払う旨の合意は、本来負担すべき損害賠償債務の額を超えた部分について、詐害行為取消権行使の対象となると判示しています。つまり、精神的苦痛に伴う慰謝料を金銭的に評価することは難しいですが、配偶者の一方が不貞行為を理由に相手方配偶者に慰謝料500万円を支払うという約束をした場合、当該不貞行為に基づく慰謝料の相場が100万円であれば、**本来負担すべき損害賠償債務の額を超えた400万円の部分**が詐害行為取消しの対象となるということになります。

もっとも、これはいまだ慰謝料が支払われる前の話であり、実際に、債務者が支払不能等（債務者が支払能力を欠くためにその債務のうち弁済期にあるものについて一般的かつ継続的に弁済することができない客観的状態）となった後に支払われた慰謝料については、本来負担すべき損害賠償債務の額の範囲であっても、偏頗行為否認（破産法162条）として否認権行使の対象となり得ます。

財産分与と異なり、離婚に伴う慰謝料が破産手続において他の債権者と同じように扱われるのは、慰謝料が単なる損害賠償債務の支払いに過ぎず、身分行為に付随するものとして、**他の一般債権者よりも優遇してあげる必要性が乏しい**といえるからです。

4　破産申立前の養育費の一括前払い

養育費は身分行為的要素が強いため、債務者の支払不能後に支払われた養育費であっても、不相当に過大な金額でない限り、偏頗行為否

認の対象とはならないと解されます。

　もっとも、子どもが成人するまでの養育費を一括して前払いするような内容の養育費の支払いは、養育費が未成熟子の日々の要扶養状態に対応するものであることからすれば、将来の養育費に相当する部分は**否認行為の対象**とされてしまうでしょう。

こうすればよかった

　本事例を上述の解説に当てはめると、1000万円の財産分与は否認行為の対象とならないといえそうですが、慰謝料として支払われた500万円と養育費の一括前払いのうち将来の養育費に相当する部分は否認行為の対象となる可能性が高いといえます。

　Xから相談を受けた甲弁護士としては、慰謝料を相場の金額とすることや将来の養育費の前払いは否認との関係では認められないことをきちんと説明するべきでした。その上で、不相当に過大であるとのそしりを受けない範囲で財産分与の金額をもう少し増額することをアドバイスしたり、破産手続開始決定後の夫の収入は自由財産として破産手続の対象とならないため、慰謝料や将来の養育費は今後自由財産の中から支払ってもらうようにアドバイスすべきだったといえます。

✺ これがゴールデンルールだ！

　自己破産を検討している配偶者と離婚する場合には、
①財産分与は不相当に過大とならない範囲で！
②慰謝料は破産手続開始決定後に自由財産から支払ってもらえ！
③将来の養育費も自由財産から支払ってもらえ！

28 足るを知る者は富む

〈詐害行為取消権〉 ••••••••••••••••••••••••••• ▶

失敗事例 財産分与はほどほどに

　長年夫婦として連れ添ったXと夫Yでしたが、Yは家業の生花店の仕事に追われ、家にいないことが多くありました。Xは、Yと夫婦でいることに疑問を感じ、子どもたちも成人して家を出て行ってしまうと、Xの虚無感は大きくなり、Yに離婚したい旨を告げました。驚いたYでしたが、Xの決意が固いことが分かると離婚することに応じました。Yからは、「Xがこれまで家の中で家庭を守ってきたことや、子どもたちを立派に育て上げてきたことに最大限報いたい」との話がありました。

　Xは甲弁護士に相談しました。Xが「Yは時価5000万円の自宅不動産のほか、預金500万円を有している」と言ったので、甲弁護士は「ご主人が『最大限報いたい』と言うなら、もらえるだけもらってはどうですか」とアドバイスしました。そこでXは、Yと協議離婚し、自宅不動産のほか預金300万円の財産分与を受けました。

　ところが、それから数ヶ月後、突然Yの債権者と名乗る人物から自宅に電話があり、「ご主人はいますか。1年前に事業資金として1000万円を貸したのだが全く連絡が取れなくなって困っている」とまくしたてられたため、Xは、「Yとは数ヶ月前に離婚しましたので、もう関係がありません。自宅も財産分与として私の名義に変えてもらいましたので、もう電話をしてこないでください」と答えて電話を切りました。

　その後、裁判所からX宛ての訴状が届きました。例の電話を掛けてきた債権者が提起したもので、「YからXへの財産分与は詐害行為にあたり、取り消されるべきである」という内容でした。裁判を起こされるなど考えていなかったXは、甲弁護士に対し「話が違う！」と抗議しました。

1　失敗の原因

　弁護士は依頼者にとって最大限の利益となるように行動すべきです。甲弁護士も、もらえるものはできるだけもらったほうが良いと考え、Xにアドバイスをしたのでしょうが、Xの夫が自営業であることから、**事業資金等の借入れ**がないかどうかを確認すべきでした。

　財産分与は身分行為に属するものであり、基本的に詐害行為取消権（民424条以下）の対象とはなりませんが、後述するように、不相当に過大であり、財産分与に仮託してされた財産処分であると認めるに足りる特段の事情がある場合には、**詐害行為として取消しの対象となり**ますので、財産のほとんどすべてを相手方配偶者に与えるような財産分与の場合は特に注意が必要です。

2　詐害行為取消権と財産分与

　夫婦間で財産分与がなされた場合に、分与した配偶者（以下「分与者」といいます）の債権者が、当該財産分与は詐害行為にあたるとして、詐害行為取消権を行使する場合があります。

　この点、判例は、分与者の財産状況は財産分与の額及び方法を定める際に考慮すべき事情の１つにほかならず、分与者がすでに債務超過の状態にあって、財産分与によって一般債権者に対する共同担保を減少させる結果になるとしても、財産分与の考慮要素について定めた民法768条３項の規定の趣旨に反して不相当に過大であり、財産分与に仮託してなされた財産処分であると認めるに足りるような特段の事情のない限り、詐害行為として、債権者による取消しの対象となり得ないとしています（最判昭58.12.19民集37巻10号1532頁）。

　そして、妻が再婚するまで夫が毎月10万円を支払うという扶養的財産分与をした事案について、当該財産分与が不相当に過大であるとして、不相当に過大な部分について詐害行為として取り消す旨を判示した最高裁判例（最判平12.3.9民集54巻３号1013頁）や、夫が自宅不

動産を妻に財産分与した事案について、財産分与当時、夫は多額の負債を抱えていた一方で、自宅不動産以外にみるべき資産がなかったこと、夫が連帯保証人になっていた貸金債務の履行が滞り、主債務者と債権者との交渉が決裂した時期と相前後して、夫は妻と離婚し、その唯一の財産である自宅不動産を妻に財産分与しているとして、取消しを認めた裁判例もあります（東京地判平16.10.25金融商事1230号22頁等）。

　本事例のケースでも、Yが債権者から1000万円を借り入れている中で、Yの資産が自宅不動産と500万円の預金しかなかったのであれば、夫からXへの**自宅不動産と300万円の預金の財産分与は詐害行為**として取り消される可能性があります。

■本件事例での詐害行為取消請求

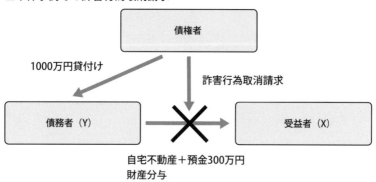

3　詐害行為取消権の要件

　詐害行為取消権が認められるためには、次の要件が必要となります。

■詐害行為取消権の要件

①	債権者の債務者に対する債権が、詐害行為前の原因に基づいて生じていたこと（民424条3項）
②	債務者が無資力であること
③	当該詐害行為が財産権を目的とするものであること（民424条2項）
④	債務者が詐害行為時、債権者を害することを知っていたこと（民424条1項）
⑤	受益者や転得者が、債権者を害することを知っていたこと（民424条1項但書、424条の5）

　本事例のケースでは、受益者たるXは、財産分与を受けた当時、分与者たる夫が多額の債務を抱えていることについて知らなかったということになりますので、**上記⑤の要件は充足せず**、そのことを立証できれば（善意の立証責任は受益者にあります）、詐害行為取消権は成立しないという結論となりそうです。なお、Xは同居の親族であり、事実上、悪意が推定されやすいものと思われます（破産法161条3項3号）。

こうすればよかった

　結果的に債権者からXに対して提起された詐害行為取消訴訟は、受益者たるXに詐害行為の認識がないことから、請求棄却となりそうですが、甲弁護士としては、Xに対し、夫に借入れ等の債務がないかどうか確認するようアドバイスすべきでした。

✹ これがゴールデンルールだ！

財産分与は欲張りすぎるな！

第6章

不貞・DV にまつわる失敗

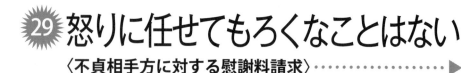

29 怒りに任せてもろくなことはない

〈不貞相手方に対する慰謝料請求〉 ………………▶

失敗事例 不法行為であることを失念していた……

　　甲弁護士は、先輩弁護士から「友人Ｘ（40歳代）の相談に乗って欲しい。」と頼まれました。

　　甲弁護士がＸと面談すると、Ｘは、大変興奮・激高した状態で、「配偶者（Ａ）とＹが不倫していることが分かった。大変悔しい。これまで尽くしてきたのに。証拠のLINEのやり取りもある。Ａも認めているし書面も取っている。Ｙを許せない。Ｙを滅茶苦茶にしてやりたい」旨を話しました。甲弁護士もＸの話を聴くにつれ、Ｘの境遇に同情し、また、「尊敬する先輩の顔に泥を塗るわけにはいかない」との思いから、どうにかしてあげたいと感じましたが、Ｙを滅茶苦茶にするなどできるわけもありません。そこで、証拠関係が揃っているようでもあり、「Ｙに慰謝料請求の訴訟をしましょう」とＸを説得すると、Ｘも是非それでやってほしいというので慰謝料請求事件として受任しました。

　　さっそく、甲弁護士がＹ宛てに受任通知を送付すると、Ｙにも代理人弁護士が就き、その代理人弁護士から「ＹとＡは、出会い系サイトで知り合った。Ａはまだ若く（20歳代）、Ｙは、受任通知を貰うまでＡが結婚していることを知らなかったので故意・過失がなく慰謝料請求は認められない」との通知が来ました。

　　甲弁護士は、Ｙに当然故意があると思っていたので、この通知に意表を突かれ、訴訟維持は難しいと感じ、Ｘに、上記の次第であるから訴訟提起は難しいと告げると、Ｘから「訴訟提起しようと言ったのは先生でしょう。責任取って」と強く叱責されてしまいました。

1　失敗の原因

　芸能人の不倫に対する世間のバッシングは激しく、「不倫の相手方に慰謝料請求できるのは当然だろう」というのが世間の、市民の一般的な感覚ではないでしょうか？　この市民感覚に乗っかると、証拠さえ揃っていれば、不貞相手に対する慰謝料請求は簡単にできそうな気がします。

　しかし、不貞相手に対する慰謝料請求の法的性質は何かといえば**不法行為に基づく損害賠償請求**にほかならないので、不法行為の要件を満たしている必要があります。当然、加害者に**故意・過失**がなければなりません。甲弁護士の失敗は、Ｘの感情に同調してしまい、不法行為の要件が整っているかどうかの聴き取り・吟味を怠ってしまったことです。

　ただ、甲弁護士にも同情すべき余地はあります。ＡがＹとどうやって知り合ったのか？　について、ＡがＸに全ての事実を偽りなく話しているとは限りませんので、その点はＸに聴いても真実は分からなかったと思います。ＡがＸに「私は結婚していると言ったが、Ｙに強く誘惑されて魔が差した」などと言っているかもしれないからです。

　その意味では、なかなか事件処理が難しい類型の事件ですが、いかなる要件があれば、不貞相手に対する慰謝料請求が認められるのか順を追って見ていきましょう。

2　法的性質論

①　法的性質

　不貞相手に対する慰謝料請求の法的性質（訴訟物）は、不法行為に基づく損害賠償請求（権）ですので、要件事実風に言えば、①権利（法益）侵害、②故意・過失、③損害の発生と数額、④権利（法益）侵害と損害との因果関係の各要件事実が必要です。

② 共同不法行為

　不貞は１人じゃできません。不貞を行った配偶者が存在して成り立つものであり、不貞配偶者（失敗事例のＡ）とその相手（同Ｙ）には、**共同不法行為**が成立します。

　ですので、仮に不貞配偶者（Ａ）が、被害者（Ｘ）に不貞による慰謝料を支払った場合、その額が訴訟認容額以上であれば、損害はもう存在しないのですから（民719条１項、436条）、不貞相手（Ｙ）に対する**請求は棄却**されることとなります。

③ 訴訟等

ⅰ　訴訟

　不貞相手（Ｙ）に対する慰謝料請求事件は、不法行為責任ですので、**通常民事訴訟事件**（（ワ）号又は（ハ）号事件）になります。

　ただ、例外として、不貞配偶者（Ａ）に対し、離婚訴訟事件（（家ホ）号事件）を提起した場合は、不貞相手に対する慰謝料請求事件も関連請求として事前又は事後に併合することができます（人訴法17条１項、２項）。

ⅱ　調停・審判

　配偶者に対する離婚調停と一緒に不貞相手（Ｙ）に対する調停の申立ても、「その他家庭に関する事件」（家手法244条）として可能ですが、家事事件手続法別表二事件ではありませんので、調停が不調に終わっても審判移行はしません（家手法272条４項）。

　私見ですが、不貞相手（Ｙ）に対して、調停を申し立てるメリットはあまりないかと思います。

3　権利（法益）侵害

① 被侵害権利（法益）

　不貞行為につき、不法行為責任を問うためには、まず**権利（法益）侵害がなければなりません**が、誰の何の権利を侵害しているのでしょうか？

　事件処理にあたって、まず、これを考える必要があります。不倫

が世間から激しくバッシングされる反倫理的な行為であるとは言えます。その意味で「行為無価値」風には違法ですが、それは単なる倫理観なり内心の問題であって、権利侵害とは全く関係がないです。

当職は、昭和臭がする弁護士ですが、受験生の頃は、配偶者に対する貞操請求権の侵害として理解していました。その頃の最判は、「他方の配偶者の夫又は妻としての権利（最判昭54.3.30民集33巻2号303頁）」と判示しており、不貞行為で侵害される配偶者の権利とは、貞操請求権と考えると腑に落ちるからです。

なお、この昭和54年最判によって、不貞行為があれば原則として不法行為が成立することが確認されました。

その後、被侵害権利（法益）に関して、「婚姻共同生活の平和の維持という権利（最判平8.3.26民集50巻4号993頁」と判示する平成8年最判が現れました。これが現在の通説？・判例だと思います。

ただ、被侵害権利（法益）を平成8年最判のように考えると、つまるところ護るべきは「家庭の平和」であって、被害者（X）の個人的権利じゃないのではないか？　権利侵害といえるの？　との疑問は湧きますし、自由な意思で真摯にお付き合いしてたのなら、不貞相手（Y）の行為を不法行為と評価できるの？　という疑問もあります。

このようなことから、学説的には、不貞行為について不法行為の成立を否定するものも多いです。

ともあれ、不貞行為における被侵害権利（法益）は、**「家庭の平和」**であり、不貞行為によってこれが侵害されているかどうかをまず検討することとなります。

② 婚姻関係が破綻している場合

被侵害権利（法益）を「家庭の平和」と捉えると、家庭が崩壊している場合、つまり**婚姻関係が破綻している場合は、保護すべき権利なり法益がないこととなります。**

というわけで、先ほどの平成8年最判は、婚姻関係が不貞行為時に破綻していたときは、特段の事情がない限り、不貞相手は、不法

行為責任を負わない。と判示しました。

　平成 8 年最判は重要です。婚姻生活が破綻していれば不貞 OK と
いうことになりますから。訴訟面で見れば、被告（不貞相手）から、
「実質的に婚姻関係は破綻していたので不法行為は成立しない」と
の抗弁が出せることとなります。割とよく出ます。ですので、依頼
者からの聴き取りの際は、夫婦関係がどういう状況にあったか（別
居していたとか、そうでなくとも家庭内別居状態にあったとか）ま
で確認しておく必要があります。

③　不貞行為が離婚原因となったことを追及する場合

　不貞行為が原因で夫婦が離婚したとします。被害者（X）は、不
貞相手（Y）に、離婚に伴う慰謝料（**第 3 章12参照**）を請求できる
でしょうか？

　結論として、この場合特段の事情（離婚させることを意図して夫
婦関係に干渉した等）がない限り不法行為は成立しないというのが、
最近出た最高裁判例です（最判平31.2.19民集73巻 2 号187頁）。

　ちょっと混乱するので、昭和54年最判、平成 8 年最判と平成31年
最判との関係を整理すると下図のとおりです。

```
■最高裁判決間の関係
①不貞行為に伴う慰謝料        ②離婚に伴う慰謝料
        ↓                        ↓
━━━━━━━━━━━━━━━━━━━━━━━━━━━━━━▶
              時系列
```

＊　昭和54年最判と平成 8 年最判は、①を対象としている。
＊　平成31年最判は、②を対象としている。

　**不貞行為そのものによる心の傷（図の①）は、不法行為だが、二
次的に発生した離婚による心の傷（図の②）は、不法行為じゃない**
ということです。

　これは私見です。被侵害権利を「家庭の平和」と捉えるなら、離
婚はその最たるものだと思いますが、離婚という現象は、夫婦の意
思決定に依拠するものであり、不貞行為というのは介在事情に過ぎ
ない。そうすると、不貞行為と離婚との間に相当因果関係がないと

いう説明がしっくりくると思います。

　ちなみに、なぜ平成31年最判のような請求をせざるを得なかったかというと、①の不貞行為を被害者が知ってから３年（旧民法）が経過してしまい、**不法行為の消滅時効にかかっていたから**です。教訓的には、不貞行為そのものの消滅時効にかけないように注意すること、消滅時効が完成している場合は、不貞相手（Ｙ）に対する提訴は、相当慎重（特段の事情の有無を検討する）にすべきということになります。

4　故意・過失

①　一般論

　不貞行為の不法行為責任を考えるにあたって、被侵害権利（法益）を「家庭の平和」と考えるならば、故意の対象としては、それを侵害する認識・認容があること、端的にいえば、**不貞配偶者（Ａ）が結婚していること**になります。

　過失は、結婚していることの予見可能性があったこと、になるでしょうか。

　さて、不貞行為というものを考えますと、まずお互いが知り合って、恋愛感情が生まれ、交際してというのが普通の流れかと思います。出会いの場や交際の中で、お互いの属性や生活環境等を話すこともあるでしょうし、色々な気づきもあると思います。

　このシチュエーションを考えれば、普通は、不貞相手（Ｙ）に確定的故意はともかく、**未必の故意あるいは過失は認められやすい**と考えます。

②　例外的な場合

　昔は、会社内等、個人の属性が分かりやすい出会いの場を通じての不倫が主でしたが、SNS 等の発展は、個人のステルス性を高めました。その結果、個人の属性がほぼ分からない出会い系サイト等を通じての不倫等で、不貞配偶者（Ａ）が独身だと偽る場合、不貞相手（Ｙ）に未必の故意や過失を認定するのは難しくなります。

不貞配偶者（A）が、不特定多数人を相手とする接客業に従事し、それを通じて不貞相手（Y）と知り合ったような場合も同様です。

　まして、不貞配偶者（A）の年齢が若く、独身であっても違和感がない場合はなおさら難しくなります。

　従って、依頼者から、**不貞相手（Y）と知り合った状況、不貞配偶者（A）の年齢や職業**等を聴き取ることが重要です。

③　婚姻生活の破綻の認識

　前述したとおり、平成8年最判により、婚姻生活が破綻している状況での不貞行為は、不法行為とはなりません。

　そうしますと、不貞配偶者（A）が、不貞相手（Y）に、「結婚しているけど、配偶者と別居していて離婚する予定です」などと嘘をついて、不貞相手（Y）がそれを信じていたような場合、実は、婚姻生活が破綻していなかったとしても、不貞相手（Y）の故意・過失を問うことは難しくなります。

　訴訟面では、そのような抗弁が出されることも多いです。この場合、原告（被害者）サイドとしては、不貞相手（Y）が、**不貞配偶者（A）の発言が虚偽であることを容易に知り得る状況、事情があったこと**を主張・立証していくこととなります。

5　慰謝料の相場

　不貞相手（Y）に対する慰謝料の相場ですが、離婚慰謝料と同様に、世間がイメージする金額より低いです。

　私見での相場感ですが、その不貞行為が原因で離婚したあるいは別居したなど、夫婦関係が破綻したような場合は、**150万円から250万円**程度だと思います。

　夫婦関係が破綻しなかった場合は、ぐっと安くなって**50万円から100万円**程度になるかと思います。

　当職の経験ですが、相当長期間継続した不貞行為があったが、離婚はしなかったという事案で100万円、不貞行為が原因で離婚（結婚期間約20年）してしまった事案では250万円というケースがありました。

　きちんとした聴き取りができなかったことが甲弁護士最大の蹉跌ですが、その要因としては、依頼者の感情が高ぶった状況で聴き取りをしてしまい、かつ、自らその感情に同調してしまったことがあります。

　不貞行為の被害者は、極めて感情が高ぶっています。特に不貞が発覚した直後は。当職の経験ですが、目が据わっている、そこはかとない凄みを感じる相談者の方に往々にして出会います。おそらく、ほとんど睡眠が取れていないからでしょう。本人の為にもこの状態を改善させる必要があります。

　このような場合は、まず冷却期間を空けて、頭をクールダウンしてもらいます。とはいえ、直ちにその場で帰してしまったのでは逆効果ですので、言いたい話は全部話をさせて、ただ聞き役に徹します。心理学用語でいう一種のカタルシスをさせます。話したいことを話すと少しすっきりされるようで、帰り際には大分落ち着いてきます。

　甲弁護士もまずこのようにして、クールダウンさせる必要がありました。自分自身を含めて。

　さて、甲弁護士は、相手方代理人から故意過失を欠くと主張され、クールダウンしてしまいました。しかし、大変微妙な判断になりますが、不貞相手（Ｙ）は、本当に結婚していると思わなかったのか？思っていなかったとしてもそれを予見できるようなエピソードがあったのではないか？　つまり過失の点を争う余地があるのではないか？と考えると、最後は本人尋問勝負になってしまいますが、争い続けても良かったかもしれません。

これがゴールデンルールだ！

　まず依頼者を落ち着かせよ。それから、不法行為の要件への当てはめを怠るな。

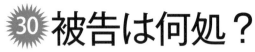

㉚ 被告は何処？

〈DV（ドメスティックバイオレンス）事件〉‥‥‥‥‥▶

失敗事例 送達先が不明で訴訟提起できない！

　甲弁護士は、離婚等調停事件を手続途中から受任しました。依頼者Ｘが調停事件の相手方で、配偶者Ｙが調停事件の申立人となっている事案でした。

　Ｙは、Ｘから自分と子どもが主に言葉の暴力によるＤＶを受けたことを理由として、離婚を求めていました。しかし、Ｘの話によれば、「暴力を振るったことは一切ないし、言葉の暴力といっても、せいぜいが夫婦喧嘩程度のもので、ＤＶと言われることも、子供の親権を取られることも全く納得がいかない。しかし、調停委員は、自分をＤＶ加害者と決めつけ話を聴かず、『弁護士を付けろ』というので、甲弁護士に依頼した」とのことでした。

　甲弁護士は、Ｘの意向を踏まえた上で、調停期日において「訴訟提起するから不調にしてほしい」と強く主張し、不調となりました。

　早速に訴訟提起しようとしましたが、ＹはＤＶシェルターに入っており住所不明でした。甲弁護士がＹの住民票等を請求しても交付してもらえず、Ｙの代理人弁護士に聴いても「委任事務は終了した」の一点張りでＹの送達先は分からず、訴訟提起ができない状態に陥ってしまいました。

　Ｘからは、「早く離婚したい。どうなってますか？」との催促が入ったので、甲弁護士は、面倒臭くなり「Ｙからの訴訟提起を気長に待ちましょう」と回答し、待ちの体制に入りました。

1 失敗の原因

DV事件に馴れていないと失敗事例を読んでも「ちょっと何言ってるのか分からない」と思います。詳細は解説に譲るとして、簡単に用語の説明等をします。DVシェルターとは、**DV被害者の一時保護施設**です。どこにあるのか全く分かりません。しかも、加害者には何の予告もありません。ですので、被害者がここに入るとその所在はまず分かりません。また、加害者及びその代理人からの住民票等の請求もできなくなります。この結果、加害者が被害者に対して何らかの法的措置を取ろうとしても**送達先が分からず**立ち往生してしまいます。

深刻なDV被害から被害者を守るためには、これくらいの措置が必要だと思います。一方で、DV冤罪とか偽装DV等という問題もあって、仮にこれをやられると、加害者（とされる側）は、子どもとの面会交流もまず無理。面会交流調停もできないという、これまた深刻な事態に陥ってしまいます。

本件では、このような事情から被害者（離婚訴訟被告）の送達先が分からなくなり、ついに甲弁護士は、心が折れて待ちモードに入ってしまいました。まあ、いつかは離婚はしなければ、なので、被害者側からいずれ訴訟提起されるとは思いますが、消極的すぎます。後述するとおり、やれることはまだまだあります。その方法を考えないで、楽して、諦めてしまったことが甲弁護士の失敗です。

本項では、DV事件の処理方法についてと失敗事例の解決方法を解説していきます。

2 DV事件の概要

① DVの意義

DV（ドメスティックバイオレンス）とはそもそも何なのか？DV防止法の定義をかなりアバウトにいえば次頁の表のとおりです。ポイントとしては、同棲中・その解消後の交際相手も行為主体

に含み、**殴る蹴る等の肉体的暴力のみならず、これに準じる言葉の暴力も態様として含まれる**という点です。言葉の暴力は、客観的な証拠として残りづらいので、立証を考えた場合は録音等をしておく必要があります。

■ DV の行為**主体**要件

行為主体	著者コメント	DV 防止法条文
配偶者・元配偶者	元配偶者の場合、婚姻生活中から配偶者の暴力等が継続していることが必要。	1条1項
事実婚の配偶者・元配偶者	同上。	1条3項
生活の本拠を共にする交際相手・元交際相手	同上及び婚姻関係における共同生活に類する共同生活であることが必要。	28条の2

■ DV の行為**態様**要件

行為態様	著者コメント	DV 防止法条文
身体に対する不法な攻撃で生命・身体に危害を及ぼすもの。	刑法でいう暴行・傷害	1条1項
上記に準じる心身に有害な影響を及ぼす言動。	軽微なものは除く趣旨。	1条1項

② **統計等**

　警視庁における DV の相談件数及び令和2年における相談者の性別による割合は、下図のとおりです。

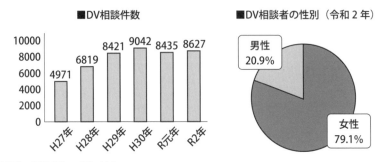

（出典：警視庁ウェブサイト）

194

あくまで警視庁管内の相談件数にすぎませんが、男性からの相談が約2割ほどあることは少々意外です。警視庁によれば、ここ4年ほど男性からの相談が増加傾向にあるとのことです。

3　DV事件処理の一般的な流れ

①　緒言

婚姻関係が継続している被害者を例に、おおよその処理の流れを解説します。

②　相談窓口

DV被害の相談窓口としては、警察、福祉事務所、児童相談所、市町村の相談窓口、法テラスそして配偶者暴力相談支援センター（DV防止法3条。以下「支援センター」といいます）等があります。これらの機関は、それぞれ独自に活動するわけではなく、相互に連携して被害者の保護に当たります（同法9条）。**メインとなるのは支援センターと警察**ですので、事件を受任した場合は支援センター及び警察との連携を図ってください。

支援センターは、全国で296箇所あります（令和3年2月12日現在）。具体的な名称、連絡先等は、以下のウェブサイトを参考にしてください。

内閣男女共同参画局

配偶者からの暴力被害者支援情報相談機関一覧

https://www.gender.go.jp/policy/no_violence/e-vaw/soudankikan/pdf/center.pdf

③　保護（別居）

事件処理で、まずなすべきは加害者からの隔離（被害者の保護）とステルス性の確保です。理想は、居場所が容易に分からず、かつ、永続的に居住できる住居を確保することですが、それだけの資力や時間がない場合が多いです。このような場合は、以下の方法によります。

ⅰ　警察の援助措置（宿泊費用負担制度）

　これは、要件的には肉体的暴力の場合に限られますが（DV防止法8条の2、6条1項）、警察に援助要請をすることにより、ホテル等に一時避難し、その宿泊費を公費で負担してもらうことができます。ただ、せいぜい1、2泊程度ですので、あくまで緊急避難的な、DVシェルターへの繋ぎ利用に留まるでしょう。

ⅱ　DVシェルター（一時保護施設）

　支援センターは、DV防止法に基づき被害者の一時保護を行います（同法3条3項3号）。DVシェルターとは、その一時保護施設（同項6号）の通称です。一種の「駆け込み寺」ですね。具体的には、売春防止法に基づく一時保護施設等の公的施設や委託した民間施設等です。その場所や、**被害者がどこに保護されているか、全く分かりません**。少なくとも当職は知りません。

　また、加害者に対する審尋等はありませんので、**加害者に知られずに避難することが可能**となります。同時に、濫用されるといきなり加害者（とされる側）の目の前から配偶者、場合によっては子どもも消えることとなります。

　このような施設の性質から、加害者と被害者が連絡してしまい、居場所が判明することを避けるため、携帯電話、所持金等は施設に預けます。また、入所期間は2週間から長くても1ヶ月ほどに留まりますが、次のステップへの準備期間は取れます。

　直ちに入所できるとは限りませんので、事前に支援センターとよく連携を取って、段取りを決めておくことが必要です。

④　生活の自立

　DVシェルターも上記のとおり何時までも居られるわけではありませんから、ある程度永続した住居や収入確保の手段を講じなければなりません。

　被害者に資力・収入のアテがない場合、当面の措置として、**生活保護の申請を検討**します。その後、支援センターを通じて就労支援を受けるなどして（DV防止法3条3項4号）、就職先を確保します。

被害者が子どもと一緒で、加害者に対して後記⑦ⅱで述べる保護命令が発令されている場合は、児童扶養手当を受給できますので（児童扶養手当法施行令１条の２第２号、２条２号）、その申請も行います。

　また、住居に関して、DV被害者は、公営住宅等への優先入居が認められていますので（国土交通省住宅局長平成16年３月31日通知）、取り急ぎこれを利用するのも手です。ただし、**入居期間は１年程度**のようなので、被害者が自立できるようになったら、民間住宅等に転居する必要があります。

⑤　**住民票等の閲覧交付制限の支援措置**

　被害者が転居し住民票を移しても、加害者あるいはその代理人が住民票や戸籍附票を閲覧等してしまえば、居場所が直ぐバレます。

　ですので、住民票を移す場合は、住民票等の閲覧交付制限の支援措置（総務省自治行政局長平成16年５月31日通知）を受ける旨の申出をしておきます。

　この支援措置は、期間付ですので必要に応じ、延長手続を忘れないように注意しましょう。

⑥　**離婚調停・訴訟**

　被害者が離婚を希望する場合（普通は希望しますが）、状況が落ち着いたあたりで、離婚調停、必要があれば婚姻費用の分担請求調停を申し立てます。原則どおり、DV事案であっても調停前置主義の適用はあります。調停が不調になれば、離婚訴訟を提起することになります。

　これらの手続自体は通常の離婚事件と変わりませんが、DV事件特有の問題として気をつけるべきなのは、以下のとおりです。

ⅰ　住所の記載

　とにかく、**居場所がバレないことを最優先**します。訴状等の住所の記載にあたっては、同居時の住所か代理人事務所住所を記載します。委任状も、加害者は閲覧等可能ですから、住所の記載は申立書等と同様にします。

書証に現住所やそれを推測させる記載がなされていることもあるので、確認し、証拠提出する場合は、**黒塗り等の措置**を取ります。

ii 非開示の希望に関する申出

調停で、どうしても書証等で現住所やそれを推測させる事項を出さざるを得ない場合、家庭裁判所によって名称は様々ですが、**非開示の希望に関する申出書**（東京家庭裁判所）を添付します。

これにより、加害者から閲覧等申請がされても、当該裁判所はこれを不許可とすることができるようになります（家手法47条4項）。

iii DV事案であることのアピール

通常は、申立書等と一緒に提出する進行に関する意見書等にDV事件に関する記載欄があるので、そこに記入すれば足りますが、それがない場合は上申書等でDV事件である旨とその詳細を記載し提出します。

これにより、当該裁判所の方で、身辺の安全に対する一定の配慮（時間をずらす等）をしてくれます。

iv 本人尋問時の措置

被害者の本人尋問を行う必要がある場合は、いわゆるビデオリンク方式（民訴法204条、210条）、あるいは遮へいの措置（民訴法203条の3、210条）によるべきことを上申し、加害者との接触を極力絶つようにします。

⑦ **オプション**

オプションとして検討すべき事項で、mustではありません。

i 刑事告訴等

被害者のステルス性を確保した上で、DVの態様が、暴行罪等の犯罪を構成する場合は、警察に被害届出や刑事告訴することが考えられます。

ただし、**加害者を刺激**するでしょう。そこをどう考えるかです。

ii 保護命令

DV防止法のキモかもしれません。詳細は専門書に譲りますが、DVの態様が肉体的暴力でさらなる暴力を振るわれる場合、あるい

は生命・身体に対する脅迫があり、危害が加えられるおそれがある場合、**裁判所への申立てにより、加害者に対して保護命令を発令させる**ことができます（DV防止法10条）。

　保護命令の内容としては、つきまとい・はいかいの禁止、住居からの退去、面会要求の禁止、架電・電子メールの夜間禁止・連続禁止、子ども・親族等への接近禁止等があります（DV防止法10条1項から4項）。保護命令違反には、1年以下の懲役又は100万円以下の罰金が科せられます（同法29条）。

　これも加害者を刺激します。使いどころは、被害者のステルス性をどうしても確保できない場合や、親族・勤務先等に攻撃が向く場合でしょう。

こうすればよかった

　送達先が分からないからといって諦めちゃダメです。昔の話ですが、例えば、住居不明と訴状に書き、上申書で「DVなので調査しても分かりません。職権で調べてください。調停時の手続代理人は○○です」みたいなことを書いて、提訴してしまうという方法もあります。手続代理人が訴訟も受任し、上手くいったことがあります。

　現時点では、こんな乱暴な方法を用いなくてもDV等支援措置に関する取扱いの総務省自治行政局住民制度部課長通知への対応等について（最高裁判所平成30年11月30日事務連絡）により、事情を上申した上で、住居所不明で提訴し、併せて被告等の住居所についての調査嘱託の申立てをして、これにより送達先を裁判所が覚知する方法が認められましたので、この方法を用いればいいこととなります。

✳ これがゴールデンルールだ！

　落伍者に勝利はない。勝利者は、決して途中で諦めない。

●著者紹介

藤代浩則（ふじしろ　ひろのり）
藤代法律事務所
　　1997年　弁護士登録（千葉県弁護士会）
　　2016年　専修大学法科大学院教授（～現在）
〈判例研究〉
「訴えの利益と裁量基準」（専修ロージャーナル第12号）、「違法判断の基準時」（同第16号）
〈主要著書（共著）〉
『行政手続実務大系』（民事法研究会、2021年）、『行政書士のための要件事実の基礎［第2版］』（日本評論社、2020年）、『行政書士のための行政法［第2版］』（日本評論社、2016年）、『慰謝料算定の実務』（ぎょうせい、2002年）

野村創（のむら　はじめ）
野村総合法律事務所
　　1993年　明治大学文学部史学地理学科地理学専攻
　　1995年　司法試験合格
　　1998年　弁護士登録（第二東京弁護士会）
　　2009～2011年　司法試験考査委員（行政法）
〈主要著書（単著）〉
『事例に学ぶ行政事件訴訟入門［第2版］』（民事法研究会、2021年）、『失敗事例でわかる！　民事保全・執行のゴールデンルール30』（学陽書房、2020年）、『事例に学ぶ保全・執行入門』（民事法研究会、2013年）

野中英匡〔のなか　ひでまさ〕

東京富士法律事務所

　　2002年　中央大学法学部法律学科卒業

　　2008年　日本大学大学院法務研究科修了

　　2009年　司法試験合格

　　2010年　弁護士登録（第二東京弁護士会）

　　2018年　東京富士法律事務所パートナー弁護士就任

〈主要著書（共著）〉

『事例に学ぶ損害賠償事件入門』（民事法研究会、2018年）、『事例に学ぶ労働事件入門』（民事法研究会、2016年）、『注釈破産法』（金融財政事情研究会、2015年）、『倒産と担保・保証』（商事法務、2014年）、『倒産法改正150の検討課題』（金融財政事情研究会、2014年）、『倒産法改正への30講』（民事法研究会、2013年）

城石惣〔じょういし　そう〕

兼子・岩松法律事務所

　　　　　　京都大学法科大学院修了

　　2011年　司法試験合格

　　2012年　弁護士登録（第二東京弁護士会）

　　2017年〜2019年　法務省訟務局行政訟務課（局付）

〈主要著書（共著）〉

『最新　複雑訴訟の実務ポイント』（新日本法規、2020年）、『事例に学ぶ契約関係事件入門』（民事法研究会、2017年）、『事例に学ぶ労働事件入門』（民事法研究会、2016年）、『Ｑ＆Ａ　知的財産トラブル予防・対応の実務』（新日本法規）

堀口雅則（ほりぐち　まさのり）

東京21法律事務所

- 2002年　筑波大学社会学類法学専攻卒業
- 2009年　首都大学東京法科大学院修了
- 2011年　司法試験合格
- 2012年　弁護士登録（第二東京弁護士会）
- 2021年　日本大学スポーツ科学部非常勤講師
　　　　　国立精神・神経医療研究センター客員研究員

〈主要著書（共著）〉

『事例に学ぶ損害賠償事件入門』（民事法研究会、2018年）、『スポーツの法律相談』（青林書院、2017年）、『事例に学ぶ契約関係事件入門』（民事法研究会、2017年）、『事例に学ぶ労働事件入門』（民事法研究会、2016年）

佐藤美由紀（さとう　みゆき）

弁護士法人港大さん橋法律事務所

- 　　　　　駒澤大学法科大学院修了
- 2013年　司法試験合格
- 2015年　弁護士登録（神奈川県弁護士会）
- 2017年〜2021年　大正大学地域創生学部非常勤講師
- 2020年　駒澤女子大学非常勤講師（〜現在）

〈主要著書（共著）〉

『行政書士のための要件事実の基礎［第2版］』（日本評論社、2020年）、『事例に学ぶ損害賠償事件入門』（民事法研究会、2018年）

失敗事例でわかる！
離婚事件のゴールデンルール30

2021年7月21日　初版発行

著　者	ふじしろひろのり　　の むら　はじめ　　の なかひでまさ 藤代浩則・野村　創・野中英匡 じょういし　そう　ほりぐちまさのり　さ とう み ゆ き 城石　惣・堀口雅則・佐藤美由紀
発行者	佐久間重嘉
発行所	学陽書房

〒102-0072　東京都千代田区飯田橋 1-9-3
　営業／電話　03-3261-1111　FAX　03-5211-3300
　編集／電話　03-3261-1112　FAX　03-5211-3301
　http://www.gakuyo.co.jp/

DTP 制作・印刷／精文堂印刷　製本／東京美術紙工　装丁／佐藤 博
©H. Fujishiro, H. Nomura, H. Nonaka, S. Joishi,
M. Horiguchi, M. Sato 2021, Printed in Japan
乱丁・落丁本は、送料小社負担でお取り替え致します。
定価はカバーに表示しています。

JCOPY 〈出版者著作権管理機構 委託出版物〉
本書の無断複製は著作権法上での例外を除き禁じられています。複製さ
れる場合は、そのつど事前に、出版者著作権管理機構（電話 03-5244-5088、
FAX 03-5244-5089、e-mail：info@jcopy.or.jp）の許諾を得てください。

ISBN 978-4-313-51179-8　C2032

◎好評既刊◎

申立ての不備、回収不能を防ぐ 実務の極意！

こうすれば上手くいく！ 弁護士が身につけておきたい、民事保全・執行30の鉄則！

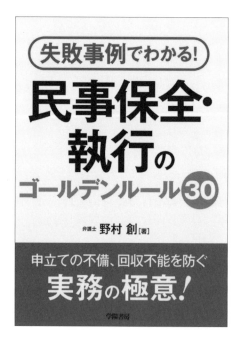

失敗事例でわかる！ 民事保全・執行のゴールデンルール30

野村 創 ［著］
A5判並製／定価＝本体2,640円（10%税込）

◎好評既刊◎

男性が不利にならないための
実務のポイント！

育児・家事を分担するスタイルがあたりまえとなりつつある現代の離婚実務を、男性の離婚を数多く手がけた弁護士がＱ＆Ａ形式で解説！

男性のための
離婚の法律相談

本橋美智子［著］
A5判並製／定価＝本体2,970円（10％税込）

◎好評既刊◎

子の発達段階に応じた
調査官調査の実際を解説！

子の利益を最優先する法運用の実際を明らかにし、紛争解決に向けた当事者支援の実務を解説！

離婚をめぐる親権・監護権の実務
── 裁判官・家裁調査官の視点をふまえた弁護士実務

近藤ルミ子・西口 元 ［編著］

A5判並製／定価＝本体3,960円（10%税込）

◎好評既刊◎

17業界特有の
重要論点を解説！

下請法の経験が豊富で信頼ある著者陣が、17の業種について「よくある相談・論点」を解説。企業法務に携わる実務家必携の1冊。

Q&Aでわかる
業種別 下請法の実務

長澤哲也・小田勇一［編著］

A5判並製／定価＝本体3,080円（10％税込）

◎好評既刊◎

相談から解決までのポイントがわかる！

増加する物損交通事故事件の実務を、弁護士費用特約の活用法に触れながら解説！

弁護士費用特約を活用した物損交通事故の実務

狩倉博之・渡部英明・三浦靖彦・杉原弘康 [編著]
A5判並製／定価＝本体2,530円（10％税込）